Resenhas de LIDERANÇA

Insights de liderança, gerenciamento, influência, negociação e execução para líderes de alta performance

Fabio Martins Romero

Resenhas de LIDERANÇA

Insights de liderança, gerenciamento, influência, negociação e execução para líderes de alta performance

Direção Editorial:
Marcelo Magalhães

Conselho Editorial:
Fábio E. R. Silva
José Uilson Inácio Soares Júnior
Márcio Fabri dos Anjos

Preparação e Revisão
Maria Ferreira da Conceição
Thalita de Paula

Diagramação:
Airton Felix Silva Souza

Capa:
Tatiane Santos Oliveira

Todos os direitos em língua portuguesa, para o Brasil, reservados à Editora Ideias & Letras, 2020.

1ª impressão

Rua Barão de Itapetininga, 274
República - São Paulo/SP
Cep: 01042-000 – (11) 3862-4831
Televendas: 0800 777 6004
vendas@ideiaseletras.com.br
www.ideiaseletras.com.br

Dados Internacionais de Catalogação na Publicação (CIP)
(Câmara Brasileira do Livro, SP, Brasil)

R763r

    Romero, Fabio Martins
  Resenhas de liderança: insights de liderança, gerenciamento, influência, negociação e execução para líderes de alta performance / Fabio Martins Romero. São Paulo: Ideias & Letras, 2020.
    184p. 16cm x 23cm

    ISBN 978-65-87295-00-8

    1. Negócios 2. Liderança corporativa I. Título.

2020-817
                                                                       CDD - 658.4012
                                                                       CDU - 65.011.4

Índices para catálogo sistemático:
1. Negócios : 658.4012
2. Negócios 65.011.4

Sumário

Introdução	**7**
Parte I – AQUECIMENTO	**11**
1. Gratidão pela família	13
2. Descubra seu propósito e deixe seu legado	17
3. Criar bons hábitos	21
4. Cuidado com o seu ego	25
5. Geração Coca-Cola 4.0	29
6. Qual será o emprego do futuro	33
Parte II – LIDERANÇA	**37**
7. O paradigma da pessoa integral	41
8. Inteligência emocional	45
9. Liderar com credibilidade	51
10. Liderar é comunicar	55
11. Liderar por competência e valores	59
12. Cuide de seus colaboradores	63
13. Respeito é fundamental, não opcional	67
14. Vá direto ao fato	69
15. Senso de apropriação	71
16. Liderar com foco na inovação	75
17. O líder LEAN	79
18. Planejando a transição da liderança	83
Parte III – GERENCIAMENTO	**87**
19. Simplifique seu modelo de gestão	91
20. Gestão do foco para a liderança	95
21. Desaprender o tradicional para aprender o novo	99

22. Migrando da gestão CHÁ para CAFÉ	103
23. Excesso de confiança ou falta de responsabilidade	107

Parte IV – INFLUÊNCIA   **111**

24. Inspire confiança	113
25. Gerenciar os impulsos essenciais	117
26. Reforçar os conceitos da missão	121
27. Cultura organizacional frente às mudanças	123
28. Engajamento corporativo	127
29: Discussões de liderança e gestão através do clube da leitura	131

Parte V – NEGOCIAÇÃO   **135**

30. Venda baseada em valores	139
31. Alternativas de resolução de conflitos	143
32. Negociação	147
33. Entregue valor sem custo adicional ao seu cliente	151
34. Negociação efetiva entre diferentes culturas	153
35. Ciclo de confiança e qualidade nos negócios	155

Parte VI – EXECUÇÃO   **159**

36. Controle sua mente e mantenha o foco	161
37. Atenção plena e prioridades	167
38. Gerenciamento de alto desempenho	171
39. Faça menos e melhor	175
40. Foque na solução e não no problema	177

Bibliografia   **181**

Sobre o autor   **183**

Introdução

Vivemos em um momento único e extremamente desafiador, onde há duas importantes transformações ocorrendo ao mesmo tempo: a transformação dos negócios convencionais para o mundo digital e a transição de gerações nas posições de liderança.

Atualmente, os jovens assumem precocemente posições de liderança pelo seu potencial e pela capacidade de enfrentar paradigmas, gerar resultados melhores e de formas diferentes dos tradicionais modelos.

Em minha posição de líder corporativo, tive o prazer de ter em meus times vários perfis de liderança, e pude perceber que a diversidade e a inquietude dos jovens são essenciais para as conquistas de metas arrojadas. Porém, esses jovens líderes sempre são guiados ou direcionados pela experiência, maturidade e senioridade de líderes mais calejados da equipe.

Observava os jovens lendo vários livros de diversos temas para que pudessem ter um ou dois *insights* a respeito de determinado assunto, e entendi que aquele grande acúmulo de leitura sem um propósito direcionado aos assuntos relacionados estava gerando uma obesidade de conhecimento, sem riqueza de repertório, sem campo para aplicabilidade, desencorajando os jovens a continuar lendo e aprendendo.

Há uma lista enorme de competências que um líder de alto desempenho precisa praticar bem todos os dias, e não podemos esperar que um líder seja 100% eficaz em todas as competências. Mas, se a liderança tiver a capacidade de se autoavaliar e a humildade de saber quais são seus pontos com oportunidades de melhorias, então, essa liderança terá a possibilidade de investir seus pontos fortes para ajudar os demais, assim como permitir que outros contribuam com competências onde há oportunidades de melhorias. É assim que se joga o jogo: EM EQUIPE!

Este livro oferece ao leitor um compilado de resenhas de liderança acumuladas e validadas em meus vinte anos de liderança corporativa, nos quais pude ler e aplicar muitos conceitos.

Algumas metodologias e ferramentas exploradas no *Resenhas de liderança* me trouxeram bons resultados, e outros nem tanto. Mas seguramente posso concluir que a jornada até o momento está sendo prazerosa e de muitas alegrias, de validações e de muitas conquistas pessoais e coletivas.

Visando colaborar com os jovens líderes em formação e com todos que buscam a melhoria contínua no tema "liderança", *Resenhas de liderança* estratifica o cerne do assunto em cinco pilares de competências fundamentais e de extrema importância:

- Liderança;
- Gerenciamento;
- Influência;
- Negociação;
- Execução.

A PROPOSTA DE UM MODELO

Modelo-chave: Resenhas de liderança

Como a ideia principal do *Resenhas de liderança* é levar ao leitor resenhas de liderança cuidadosamente desmembradas em cinco pilares de extrema importância, este livro pode ser lido de forma contínua, levando o leitor a ter uma visão sequenciada das competências e das metodologias abordadas pelo livro. Porém, este livro também pode ser utilizado como um *handbook*, onde o leitor pode selecionar um tema de seu interesse no índice e seguir direto para a resenha que mais lhe interessa.

Este livro, apesar de rico em resenhas de lideranças de diversos segmentos, não tem o intuito de encurtar o caminho de ninguém. Cada líder tem a sua jornada e o seu tempo de evolução. As pessoas evoluem em faixas de valores diferentes ao longo da jornada.

O objetivo principal desta obra é que, durante a leitura, cada leitor tenha a capacidade de entender os conceitos e seja capaz de fazer as suas próprias resenhas, considerando o momento em que vive e o cenário organizacional em que está inserido.

Lembre-se que mais importante do que o conceito é a aplicabilidade, ou seja, a prática. Portanto, crie seu ambiente para a aplicação e validação das experiências necessárias para se tornar um líder de alto desempenho.

Desejo que você tenha uma ótima leitura, e que tenha *insights* maravilhosos para a produção de suas próprias resenhas de liderança.

PARTE I:
AQUECIMENTO

Estamos vivendo duas transformações importantes: a transformação dos negócios convencionais para o mundo digital e a transição de gerações em posições de lideranças, na qual teremos os jovens ocupando boa parcela das posições que exigem conteúdo, maturidade, senioridade e tomadas de decisões.

A vida de várias pessoas e de várias famílias são, de alguma forma, direta ou indiretamente afetadas com as decisões e escolhas que as lideranças fazem todos os dias. Para cada escolha uma consequência!

Como estamos nos preparando para esse futuro tecnológico e digital? Estamos criando bons hábitos para manter o equilíbrio entre corpo, mente, coração e espírito? Estamos preparando nossas equipes e nos preparando para os momentos de transição da liderança? Escolhemos a liderança por *status*, salários e benefícios, ou realmente queremos fazer algo diferente e melhor, não só para as nossas famílias, mas para o maior número possível de famílias?

Vamos aquecer os motores...

1
Gratidão pela família

Eles são a alavanca do nosso momentâneo sucesso

Sempre que se fala sobre liderança, o primeiro cenário que vem à mente são grandes organizações, times de alto desempenho com talentos diferenciados, resultados de excelência, carreira de sucesso e grandeza no mundo corporativo.

O que é pouco explorado e divulgado, mas que particularmente tem muito valor, é o suporte e a qualidade de vida que nós líderes temos em nossos lares com nossas famílias.

Não temos vida pessoal e vida profissional...

> Deus nos deu uma única vida, e cabe a cada um de nós criar o melhor balanço entre o ambiente pessoal e a competitiva rotina corporativa.

Todas as conquistas de um líder de alto desempenho devem ser celebradas junto de sua família, pois ela é parte integrante, contínua e de extrema importância para nosso equilíbrio na esfera da pessoa integral: **corpo, mente, coração e espírito.**

Se vencemos, nossa família celebra conosco as vitórias. Se perdemos, nossa família nos conforta para que possamos recompor as energias necessárias e erguer a cabeça para seguir adiante.

Quando viajamos a trabalho ou passamos horas estudando por noites a fio, são eles que, com paciência, aguardam nosso retorno e disponibilidade.

> Empregos e projetos vêm e vão, mas os verdadeiros laços familiares são duradouros e poderosos.

Criar o balanço perfeito entre a atenção familiar e a concorrida rotina de trabalho não é fácil, e não acredito que exista uma fórmula padrão ou uma receita mágica que possa ser usada por todos os líderes. Eu realmente acredito que cada um pode encontrar o seu melhor balanço, começando com a **gratidão pela família**.

Não importa em que fase da vida você está. Se você mora com os pais ou se você é casado, se você tem filhos ou não, ou, ainda, se foi criado por tios ou por outras pessoas que passaram a ser sua família. O importante é reconhecer que sua fortaleza vem das bases familiares, e que sua família é merecedora de sua gratidão e de seu respeito.

A cada pequena vitória em minha trajetória de liderança, eu agradeço a Deus pela família que me recebeu nesse mundo, agradeço aos meus pais queridos e irmãos maravilhosos, e sou eternamente grato pela esposa amada e dedicada que, com muito carinho, cuida tão bem de nossos três extraordinários filhos.

Prezo por minha família com muito amor e carinho. Eles são os maiores líderes que tenho em minha vida, pois é deles que recebo os maiores ensinamentos todos os dias. Minha gratidão pela família é eterna e isso me fortalece como líder corporativo.

> "Hoje melhor do que ontem, e amanhã melhor do que hoje" – Esse é nosso lema!

Faça sua reflexão sobre o quão importante sua família é em sua formação pessoal e profissional.

No ambiente familiar praticamos o exercício de tomada de decisões todos os dias, assim como a análise e a resolução de problemas em conjunto, nos quais cada escolha gera uma consequência para todos, e não há certo ou errado, o que há é muito aprendizado.

Saiba reconhecer a importância de sua família em suas conquistas e tenha gratidão! **O universo irá conspirar a seu favor.**

Liderança de alto desempenho é muito mais do que a conquista de grandes resultados. Se temos uma família que celebra a vida em nossos lares, podemos, de forma mais leve, ter uma família corporativa de líderes, para celebrar **juntos** as **momentâneas** vitórias.

Gratidão pela minha família! Ela é a maior merecedora das "nossas" conquistas.

2
Descubra seu propósito e deixe seu legado

Você já parou para pensar nessa questão?

Por que fazemos o que fazemos? Há algum propósito nobre envolvido, ou estamos apenas vivendo dia após dia sem a preocupação de deixar nossa contribuição para a sociedade e para as futuras gerações?

Você com certeza já teve, ao longo da jornada, a oportunidade de conhecer uma pessoa que passou em sua vida e que, de alguma forma, deixou algo positivo em sua mente ou em seu coração. Essa pessoa foi uma **figura de transição** em sua vida, fez você parar para analisar e fazer escolhas mais coerentes para a continuidade de sua jornada.

Uma figura de transição deixa sua contribuição de forma natural, inspirando as pessoas através de exemplos do que faz e não do que fala, em todas as áreas da vida.

Uma figura de transição tem seus valores fortemente atrelados a princípios. São pessoas que erram, porém, assumem naturalmente seus erros e continuam a jornada do aprendizado e do aperfeiçoamento.

Uma figura de transição não é um exemplo de perfeição, mas seguramente é um exemplo de superação, pois não deixa que o erro seja um padrão em sua rotina.

Muitos profissionais se preocupam em deixar o seu legado, e idealizam essa possível conquista em resultados ou em forma de materialidade. Porém, o verdadeiro legado é a transformação do mapa mental e da inteligência emocional de outras pessoas.

> "Legado não é o que você deixa para as pessoas, isso se chama herança. Legado é tudo aquilo que você deixa na cabeça e no coração das pessoas."

Quando esse conceito é entendido e você descobre de fato qual é o seu verdadeiro propósito de vida, assim como tudo aquilo que te movimenta todos os dias para sair da cama logo cedo e que faz seu dia ser mais valioso, naturalmente, você será notado pelos outros como uma pessoa feliz, sem dúvidas. Naturalmente, você irá contagiar outras pessoas ao seu redor, e será fonte de inspiração para elas.

No mundo todo temos mais de 7 bilhões de habitantes, portanto, não é impossível, mas é muito pouco provável que você consiga ser protagonista e uma figura de transição na vida de todas essas pessoas. Porém, se você verdadeiramente vive seus valores, se descobriu qual é seu maior propósito de vida e entende que pode, de alguma forma, contribuir com alguém para que a vida dessa pessoa seja melhor, então você estará deixando sua contribuição e seu legado em ações pequenas e simples, porém valiosas e de grande impacto.

Se você ainda não sabe qual é o seu propósito, não se desespere. A habilidade de descobrir o propósito não é um dom congênito concedido a todos. As pessoas evoluem em faixas de valores diferentes ao longo da jornada.

> Independentemente da sua posição atual e de seu trabalho, assuma a postura de liderança da sua vida. Pois se você não for o protagonista da sua vida, alguém talvez até menos preparado será.

Seja um líder inspirador, respeite todos da mesma forma, deseje um bom dia para as pessoas, chame-as pelo nome, seja otimista e positivo, seja um bom ouvinte, pratique empatia, comunique com clareza, demonstrando sua verdadeira intenção, e seja fiel aos seus valores em todas as situações.

Decida ser uma figura de transição de forma natural, e, sem que você perceba, muitas pessoas ao seu redor irão se espelhar em seus exemplos e em seu modelo mental para lidar com os desafios do dia a dia de uma forma mais leve.

3
Criar bons hábitos

Praticar para criar bons hábitos

Normalmente, classificamos as coisas que queremos fazer no dia a dia como metas, e isso é incorreto. Atividades que precisam ser rotineiras e que queremos que tenham uma frequência cadenciada são *hábitos*.

Diferente de metas e objetivos, os hábitos são ações regulares que nos sustentam nas quatro esferas da pessoa integral – corpo, mente, coração e espírito.

Fazer exercícios pela manhã, tomar banho antes de sair para o trabalho, escovar os dentes todas as noites antes de dormir, fazer uma ligação por dia para seus pais para saber se estão bem, reconhecer diariamente uma boa ação de um colega de trabalho para criar sinergia, todos são bons exemplos de hábitos que nos mantêm felizes e saudáveis.

Devido ao poder da repetibilidade ou do acúmulo de atividades exercidas com uma determinada cadência, essas atividades se transformam em hábitos, e a soma desses pequenos hábitos pode trazer grandes resultados com o tempo.

A conquista de hábitos requer muita força de vontade. Sendo assim, vale a pena utilizar técnicas que ajudem na geração dos hábitos que você deseja adotar. Por exemplo, caso queira ir para a academia de ginástica pela manhã, deixar a mochila preparada com as roupas e o tênis para correr já no dia anterior facilitará sua ação, uma vez que você precisará investir menos energia na preparação e poderá ir direto para a ação.

Se quiser criar o hábito de ler todas as noites antes de dormir, pode deixar um livro na cabeceira da cama com uma iluminação apropriada. Assim, quando se deitar, não terá esforço para realizar a atividade que facilmente pode virar um hábito, pois o ambiente já está estruturado.

É muito mais fácil desenvolver hábitos quando você identificar os gatilhos que indiquem o momento e o local certos para agir. Um exemplo prático e que deve ser um hábito de muitos trabalhadores de indústrias, antes de seguir para o seu posto de trabalho e iniciar suas atividades, é o de acionar o gatilho e verificar se estão com todos os equipamentos de proteção individual necessários para realizar suas tarefas. Sem esse gatilho, o trabalho não pode ser iniciado.

> Para melhores resultados na construção de um hábito, a lei dos retornos decrescentes não deve ser negligenciada. Ou seja, quanto mais atividades você quiser inserir em sua formulação de construção de hábitos, menores serão suas chances de sucesso.

Tenha um objetivo em mente e comece primeiro com o mais importante. Concentre-se em construir um hábito por vez. Lembre-se que a força de vontade que temos para usar a cada dia é limitada, e o esforço que investimos para exercer atividades importantes, porém ainda não habituais em nossa rotina, sequestram toda e qualquer energia extra do nosso corpo e da nossa mente. Portanto, se tentarmos construir muitos novos hábitos ao mesmo tempo, provavelmente não conseguiremos adotar nenhum deles ao longo do tempo.

Concentre-se em hábitos que são importantes para a sua saúde, para o seu desenvolvimento, para a sua felicidade e para o seu trabalho. Assim, você terá chance de ter uma vida plena nas quatro esferas da pessoa integral.

> "Nós somos o que fazemos repetidamente. A excelência, portanto, não é um ato, mas sim um hábito." (Aristóteles)

4
Cuidado com o seu ego

Talvez você não saiba, mas ele mora dentro de você

O ego destrói carreiras promissoras e brilhantes, transforma ascensão de potenciais lideranças em exposição de profissionais com objetivos puramente individuais. O ego é um adversário interno muito complicado de ser eliminado, e é o maior impedimento para o aprendizado de coisas novas, dificultando a evolução e o autoconhecimento, além de aflorar o pensamento de que não há mais o que aprender com outras pessoas.

Ninguém gosta de expor a si mesmo e de ser questionado. O ego corta sua conexão com o mundo exterior e elimina as possibilidades de receber *feedbacks*, os quais podem, por sua vez, ajudar efetivamente a alavancar algumas habilidades e competências essenciais para uma liderança de alto desempenho.

Nesse processo, é importante reduzir a necessidade de uma aprovação social. Precisamos ser por fora aquilo que somos por dentro. Essa transparência gera confiabilidade em algumas das dimensões da esfera da pessoa integral, tais como *coração* e *espírito*.

Não há nada de errado com grandes ambições e grandes ideias, mas não deixe que o ego assuma o controle.

Sem dúvidas, é importante pensar grande e ter ambição, mas essa mesma ambição pode deixá-lo mais vulnerável, alimentando o seu ego. A ansiedade precisa ser gerenciada e a ambição precisa ser freada.

A maturidade e o sucesso momentâneo não necessariamente andam de mãos dadas com a senioridade. As pessoas evoluem em faixas de valores diferentes ao longo da jornada. Por isso, é importante dar um passo de cada vez, pensar grande e agir pequeno. Isso evitará um possível e doloroso tropeço.

Quando o ego está exacerbado, o emocional incentiva a língua a agir mais rápido do que o córtex racional, fazendo com que o indivíduo fale coisas sem pensar, agindo pela emoção e não pela razão, podendo, assim, causar exposição, frustração e conflitos desnecessários com outras pessoas.

Se não gerenciado, nosso ego faz com que o desejo de reconhecimento e de *status* seja maior do que o verdadeiro sucesso "momentâneo".

> "O preço do bom controle é a eterna vigilância."

Precisamos manter a mentalidade de estudantes, pois os estudantes, em geral, são humildes e reconhecem que não sabem tudo. Sendo assim, precisamos nos colocar na posição de eternos estudantes, tendo humildade para entender e aceitar que temos muito para aprender continuamente com os outros; em alguns momentos aprendendo, e, em outros, ensinando, pois sempre que ensinamos também alavancamos nosso aprendizado.

> NÃO deixe de ser um eterno estudante, pois ninguém irá aprender o que acha que já sabe.

A satisfação do momentâneo sucesso pode trazer uma falsa sensação de que o sucesso estará presente sempre, ou de que não há mais nada para aprender e evoluir. Os fracassos e as novas oportunidades de aprendizado fazem parte do processo de construção de maturidade e da senioridade, sendo os *feedbacks* de extrema importância, desde que recebidos de peito aberto, sem julgamentos.

É certo que o ego irá tentar evitar *feedbacks* de correções de rota e as críticas.

O *insight* proposto é entender que não existe *feedback* negativo ou positivo: existe apenas o *feedback*. O que o classifica como positivo ou negativo é a maturidade de cada indivíduo para recebê-lo e interpretá-lo.

Você pode até não concordar com algum *feedback* que receba, mas terá que aceitá-lo. O processo de absorver e digerir um *feedback* que é interpretado como negativo ou corretivo pode ser o ponto de inflexão em sua vida, que fará com que você "vire a chave" no processo de construção da senioridade rumo ao modelo de liderança de alto desempenho.

Encontrar a paixão em uma atividade profissional é um eterno desafio, e pode ser perigoso, pois a paixão pode fazer você perder a razão. A paixão é importante, mas sozinha não o tornará um líder de alto desempenho. Paixão é individual, é para si, e propósito é para os outros. Busque um propósito no que você faz.

O ego não permite o máximo retorno que podemos obter de nossos esforços, sendo assim, NÃO compare sua vida com a vida dos outros, pois cada um tem seu caminho e seu destino.

> É muito importante lembrar que os seus erros podem até revelar suas fraquezas, mas eles não anulam as suas qualidades. Assim como é importante saber que as suas habilidades podem até levá-lo ao sucesso, mas será o caráter que o manterá lá de forma sustentável.

5
Geração Coca-Cola 4.0

O que agrega valor para essa geração?

A nova geração de líderes, ou os líderes do futuro, ainda nos deixam dúvidas sobre sua correta classificação, pois discutimos seu enquadramento entre *millennials*, geração Z (a primeira de nativos digitais) ou Alfa, ou ainda, a geração atual de jovens prodígios rotulada no ambiente corporativo como geração Coca-Cola 4.0. Esta nova geração traz um conceito totalmente diferente de aceitação e concordância empresarial quando comparados aos modelos que estamos acostumados a ver nas organizações mais tradicionais.

O que agrega valor para essa geração? O que motiva esses líderes do futuro? Quais são os planos de estudo e de carreira a médio e longo prazo?

Pois bem, essas são exatamente as questões que essa nova geração não quer e não precisa responder. Basta saber que as profissões em alta para esses jovens não são mais as áreas de engenharia, advocacia ou medicina: as profissões que fazem os olhos desses jovens brilharem são *youtuber, DJ, designer de games, gamer, influencer,* etc.

Pensando em nossas empresas e organizações, sejam elas instituições privadas ou familiares, será que estamos preparados para receber essa nova geração "Coca-Cola 4.0"? Será que nossos modelos de gestão, nossos modelos de processos e nosso *mindset* irá despertar o interesse desses futuros líderes?

A nova geração é totalmente aderente a modelos alternativos e não tradicionalistas, e, para conseguir conquistar, integrar e segurar esses jovens talentos em nossas empresas, precisaremos nos reinventar. E quando digo reinventar, me refiro a ser inovador no modelo de gestão e na forma de liderar pessoas, criando e mantendo um ambiente de confiança 360°. Ou seja, confiança vertical entre líderes e liderados, e confiança horizontal entre os pares.

A geração 4.0 não tem boa aceitação em trabalhos com horários e jornadas definidas, e se não houver um local estabelecido para a base de trabalho será ainda mais atrativo.

Novos líderes adoram vários projetos de grande impacto e várias atividades paralelas rodando ao mesmo tempo, em que o maior desafio é provar que é possível fazer mais com menos, sem perder o foco e gerando resultados ainda melhores do que os modelos tradicionais utilizados antes de sua chegada. O desafio deve fazer parte do pacote de benefícios.

Salários e cargos ainda são atraentes, mas longe de serem o principal item do pacote de benefícios que as empresas podem oferecer a essa geração.

Há uma eminente necessidade de empresas e organizações realizarem uma leitura assertiva do cenário de migração de gerações nas posições de liderança. Essa leitura, associada ao movimento da Indústria 4.0, também conhecida como Revolução da Convergência das Tecnologias, mudará não só os processos produtivos, mas também a forma como mantemos nossos ambientes de trabalho seguros, provendo um bom clima de engajamento, respirando mudanças e inovação o tempo todo e em todos os níveis da empresa, desde a gestão automatizada e de visualização online nos celulares até a descentralização de locais fixos de trabalho.

Há estudos científicos que apontam que as novas tendências de gestão e liderança deverão estar 100% convertidas para aplicativos, os chamados *apps*, para que a mobilidade seja um fator primordial na nova forma de gerenciar e liderar, de modo que tudo possa ser controlado e monitorado pelo celular, fazendo com que a tomada de decisões baseadas em dados de Inteligência dos Negócios (BI), ou ainda, em recursos de gestão visual online, sejam mandatórias para que os jovens líderes nômades se tornem bons tomadores de decisões, ou, na forma mais conhecida dentro do mundo corporativo, *decision-maker*. Independente do horário ou local, os jovens líderes estarão prontos para conquistar resultados desafiadores e arrojados.

Para os futuros líderes que estão ingressando no mercado de trabalho e que ainda estão indecisos sobre qual caminho seguir, fica a recomendação de buscar fazer o que realmente gosta, de forma que sua iniciação no mercado de trabalho não seja um fardo pesado demais para carregar. Todo início é difícil, complicado, com pessoas jogando contra e outras a favor, mas, com calma, encontrarão bons tutores e ótimos exemplos que seguramente serão referências para as decisões que irão guiar os passos seguintes.

Os resultados são muito importantes e os prazos estão cada vez menores para que as empresas possam sobreviver e prosperar. Em contrapartida, para os jovens líderes, o aprendizado ao longo da jornada será um ótimo e talvez o melhor MBA corporativo de integração, socialização, respeito à diversidade e aos tempos de resposta, além de auxiliar no desenvolvimento da habilidade de tomar decisões baseadas na velocidade da confiança em sua rede de relacionamento.

6
Qual será o emprego do futuro?

Você já pensou sobre isso?

Vivemos em uma era industrial e empresarial de muitos desafios, alguns superados com vitórias conquistadas com muito suor, com ganhos de maturidade de nossos jovens e promissores líderes nas mais diversas áreas.

Há uma grande expectativa de crescimento da economia local, como, por exemplo, na indústria automobilística e, consequentemente, no segmento de autopeças.

Com as demandas cada vez mais exigentes em termos de qualidade e tempo de resposta, essa nova geração de profissionais 4.0 torna rapidamente obsoleta a forma de gerenciar processos e de liderar pessoas. Precisamos nos reinventar todos os anos, pois o que nos trouxe até aqui não é garantia nenhuma de sucesso em um futuro de curto prazo.

Para acompanhar as demandas do consumidor atual, as tecnologias estão avançando de forma extremamente acelerada. A 4ª Revolução Industrial, em que já vivemos, traz preocupações generalizadas sobre o futuro da empregabilidade, pois, se teremos processos cada vez mais automatizados, com robôs industriais, máquinas e equipamentos conectados com geração de dados em tempo real, manufatura aditiva com prototipagem 3D de produtos complexos em minutos, tecnologia de realidade aumentada, simuladores e digitalização dos processos operacionais, fica a pergunta:

O que será do emprego no futuro?

Vemos em muitos discursos de grandes empresários que a mão de obra será treinada e aproveitada sem a geração de desemprego. Isso seria perfeito, mas esse discurso é muito mais político e filosófico do que a realidade aparente. A realidade é que a conta não fecha.

As empresas precisam realmente acompanhar as tendências da tecnologia para melhor produtividade e controle dos processos, pois assim terão potencial para alavancar sua eficiência operacional, melhorar a produtividade, a repetibilidade e a qualidade dos processos, e, acima de tudo, conquistar cada vez mais a confiança e a satisfação dos clientes, visando a prosperidade e a sustentabilidade dos negócios.

Porém, as empresas que investirem assertivamente na adequação de seus processos para atuar na indústria 4.0 terão que considerar um valor relevante de depreciação dos ativos em sua contabilidade, e a adequação de mão de obra é o caminho mais curto para tentar balancear os custos operacionais frente à necessidade de investimento em tecnologia.

Com esse cenário exposto até aqui, convido o leitor a pensar diferente: ao invés de pensar reativamente sobre qual será o futuro do emprego frente às tecnologias, pense proativamente:

Qual é o emprego do futuro frente às tecnologias?

Algumas profissões bem remuneradas, de forma direta ou indireta, porém regulamentadas, sequer existiam alguns anos atrás, tais como *gamer*, *youtuber*, gestor de *e-commerce*, etc., e as profissões mais bem pagas em um futuro próximo ainda não existem. Quais são essas profissões? Qual será o emprego do futuro?

Em todas as literaturas expressivas de liderança validamos a confirmação "bons líderes preparam suas equipes para um futuro ainda não mapeado".

Temos um vale cinzento que precisa ser melhor explorado desde as grades acadêmicas na formação de jovens talentos até a formação de profissionais já consolidados e maduros nas atribuições atuais dentro das indústrias.

> "Ou você diminui os seus sonhos, ou aumenta as suas habilidades. A opção é sua." (Jim Rohn)

Não terceirize a responsabilidade de sua formação e de sua adaptação ao mercado de trabalho. Leia, estude, trabalhe de forma mais inteligente e melhor. Dessa forma, será mais fácil adaptar-se ao desconhecido, o que garantirá que o emprego do futuro, seja ele qual for, olhe para você e te acolha de braços abertos.

PARTE II: LIDERANÇA

O líder já nascer líder é um tema muito discutido e com várias frentes de estudos sobre liderança, assim como a ideia de que qualquer bom profissional que tenha interesse genuíno no tema pode se tornar um bom líder.

Particularmente, pela experiência de campo e pela participação na formação de vários jovens líderes ao longo da jornada, minha tendência é acreditar que...

> "Nós somos o que fazemos repetidamente. A excelência, portanto, não é um ato, mas sim um hábito." (Aristóteles)

Portanto, se há um interesse genuíno no tema de liderança, e há um propósito de excelência em liderança que oriente as ações e a tomada de decisões, fazendo com que o exemplo exercido possa ser seguido, praticado e multiplicado, podemos assumir a premissa de que a liderança pode ser implementada e melhorada.

Praticando, praticando, praticando... até que a *liderança de alto desempenho* não seja um ato, mas sim um hábito.

O CICLO DA FORMAÇÃO DE HÁBITOS

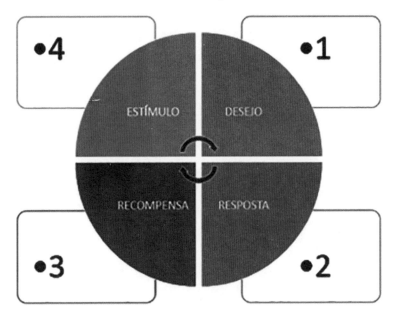

Referência: *Hábitos atômicos*, de James Clear.

7
O paradigma da pessoa integral

Essencialmente, há uma razão simples e abrangente pela qual tantas pessoas permanecem insatisfeitas com o seu trabalho, e as empresas deixam de tirar proveito dos grandes talentos, da engenhosidade e da criatividade de seu pessoal, nunca se tornando organizações verdadeiramente grandes e prósperas. Isso expressa a falta de um paradigma completo de quem somos, e que é a nossa visão fundamental da natureza humana.

A realidade fundamental é que os seres humanos não são coisas que precisam ser motivadas e controladas, na verdade são seres com quatro dimensões essenciais: **corpo – mente – coração – espírito**.

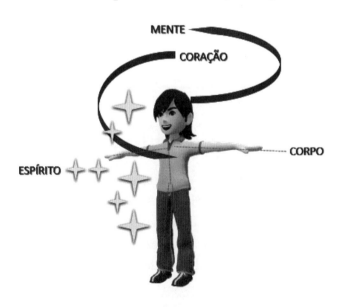

Se estudarmos as filosofias e religiões, tanto as ocidentais quanto as orientais, desde os primeiros registros históricos, encontraremos basicamente as mesmas quatro dimensões: física/econômica, mental, social/emocional e espiritual.

Muitas vezes, as palavras usadas são diferentes na classificação, mas refletem as mesmas quatro dimensões universais da vida. Elas também representam as quatro necessidades e motivações básicas de todas as pessoas.

Sumariamente, podemos descrever essas quatro necessidades como:

- Viver (sobreviver);
- Amar (relacionamento);
- Aprender (crescimento e desenvolvimento);
- Deixar um legado (significado e contribuição);

Grandes líderes trabalham fortemente no desenvolvimento da dimensão *espírito*, buscando fazer coisas de grande significado para suas organizações ou para a sociedade, visando demonstrar claramente que a contribuição valeu a pena para alguém além de si mesmos.

A ideia de encontrar e deixar um legado faz com que grandes líderes façam o difícil exercício de encontrar sua "voz interior".

Como encontrar sua voz interior?

> "No bosque duas estradas divergiam e eu peguei a estrada menos percorrida, isso fez toda a diferença." (Robert Lee Frost)

Todos escolhemos uma de duas estradas na vida. Os velhos e os jovens, os ricos e os pobres, os homens e as mulheres. Uma das estradas é larga e bem percorrida, e essa é a estrada para a mediocridade. A outra estrada é para encontrar grandeza e significado, sendo cheia de desafios e necessidades de mudanças de hábitos. A cada passo dado na estrada da grandeza, as dificuldades se tornam maiores, e, quando isso acontece, temos a certeza de que estamos próximos do sucesso.

Algumas frases clássicas representam muito bem a diferença das consequências e dos resultados de nossas escolhas na caminhada do descobrimento da nossa voz interior e, consequentemente, de nosso propósito de vida, por exemplo:

Você é do tamanho dos seus sonhos. *"Ou você diminui os seus sonhos ou aumenta suas habilidades para alcançá-los, a decisão é apenas sua."* (Jim Rohn)

Diagrama do paradigma da pessoa integral

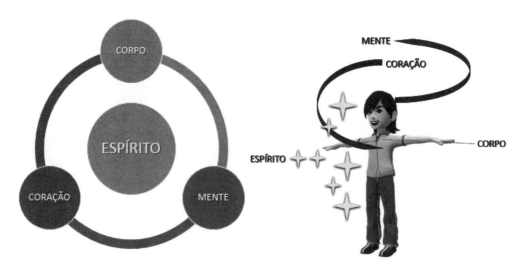

Referência: *O 8º hábito,* de Stephen R. Covey.

Você está totalmente satisfeito e realizado nas quatro dimensões da pessoa integral? Avalie-se e faça suas escolhas para evoluir.

> Porém, mais importante do que fazer as escolhas, é agir para que seus sonhos transitem do campo da intenção (**desejo**) para o campo da ação e dos resultados (**prática**).

8
Inteligência emocional

Diferencial na geração de engajamento corporativo

Muito se discute sobre a razão pela qual é tão comum ver líderes com baixa resiliência ou sem nenhuma **inteligência emocional**, mesmo sendo profissionais extremamente inteligentes e especialistas em suas áreas.

Também é muito comum ouvir nos corredores corporativos comentários lançados ao vento, como: *"O que falta para ele ser um bom líder é inteligência emocional"*.

O conceito de inteligência emocional tem um enorme apelo intuitivo e, a princípio, parece convincente que a inteligência emocional seja catalisadora ou pré-requisito no desempenho da liderança. Parece lógico que, quanto mais entramos em contato com nossos próprios sentimentos, melhores serão nossas habilidades interpessoais, melhor será nosso desempenho sob constante pressão, melhor será nossa capacidade de gerar resultados e melhor será nossa capacidade geral de aproveitar a vida. Sendo mais eficazes como líderes, também seremos mais empáticos, o que nos levará a praticar o quinto hábito descrito na obra de Stephen Covey, *Os 7 hábitos das pessoas altamente eficazes*: *"Procure primeiro entender para depois ser entendido"*.

Facilmente observamos equipes com profissionais excepcionais e com um líder hierárquico altamente competente na geração de resultados, porém, a equipe está sempre no limite do cansaço e muitas vezes com baixo engajamento, pois se sente apenas como uma ferramenta do fluxo de geração de resultados e não como parte fundamental para o sucesso do processo integrado.

O melhor *insight* que me vem à mente para esta resenha é que a inteligência emocional é o catalisador da liderança de alto desempenho e da influência social. E **a liderança é inevitavelmente expressa em comportamentos que influenciam os outros**, enquanto qualquer forma de inteligência é um processo interno e introspectivo.

A teoria e a conexão real entre esses dois conceitos, liderança e inteligência emocional, ainda precisam ser objeto de entendimento para os líderes que realmente desejam ter equipes engajadas e efetivamente "envolvidas com a causa", pois **sem participação e sem envolvimento não há engajamento**.

Ainda, há uma pergunta que continua pairando nos mesmos corredores corporativos: se todos sabemos que a inteligência emocional é um diferencial na construção de engajamento e na geração de resultados superiores, porque ainda temos profissionais que apresentam baixo rendimento nessa competência ocupando altos cargos de liderança?

Esse cenário pode ser realmente pontual em alguns casos, com potencial possibilidade de uma correção de rota por parte da empresa, visando garantir o cumprimento de seus valores. Porém, em outros casos, o problema é mais grave por ser estrutural: a falta dessa competência apenas reflete um *deficit* no setor responsável pela elaboração estratégica da empresa, o que, consequentemente, pode causar uma "cegueira corporativa" para a necessidade de investimento na inteligência emocional – ou seja, o problema é organizacional, não individual.

Uma prática difícil de ser implementada por profissionais com baixo nível de inteligência emocional é justamente a *escuta ativa* e a prática da empatia, o que os impede de ouvir e entender o cenário externo e as pessoas ao redor, inibindo um posicionamento mais adequado, integrado e em um circuito positivo de relação "ganha-ganha".

As pessoas apresentam necessidades diferentes, e se não forem ouvidas não será possível tomar uma decisão inteligente baseada nos interesses e necessidades individuais, para um ganho coletivo e integrado "ganha-ganha", onde ganha o líder e ganha o liderado.

O líder que trabalha bem a competência da inteligência emocional tem a habilidade de fazer uma leitura de situações complexas e que normalmente envolvem relacionamentos, mapeando em cada situação as quatro emoções básicas envolvidas:

1. Medo;
2. Alegria;
3. Tristeza;
4. Raiva.

Saber quais emoções estão influenciando você nos momentos críticos de decisões e discussões, assim como quais são os riscos envolvidos ao tomar decisões sob a influência de algumas dessas emoções, pode ser crucial para o comportamento que irá conduzir suas ações.

> "As emoções negativas intensas consomem toda a atenção do indivíduo, impedindo qualquer tentativa de atender a outra coisa." (Daniel Goleman)

Provavelmente, você já se sentiu tomado por uma emoção que fez você perder o controle, onde fez ou disse coisas das quais logo se arrependeu. Isso ocorre porque nos momentos de emoção intensa seu cérebro é sequestrado momentaneamente pela sua amígdala cerebral.

A principal função da amígdala é integrar as emoções com os padrões de resposta correspondentes a elas, seja em nível fisiológico ou comportamental.

Daniel Goleman, autor do *best-seller Inteligência emocional*, explica em sua obra que o segredo de nos tornarmos irracionais tem a ver com a falta momentânea e imediata de controle emocional, justamente porque a amígdala assume o comando do cérebro.

A área frontal do córtex cerebral é a responsável pelo pensamento lógico e pelo planejamento de nossas ações, nos levando a tomar decisões com bases racionais e não emocionais. Ao contrário do córtex cerebral, a amígdala faz parte das estruturas mais primitivas do cérebro, e é responsável pelo controle das emoções.

Quando alguém está com alguma das emoções básicas muito aflorada, normalmente a raiva ou a tristeza, e precisa tomar uma decisão importante, é comum alguém por perto fazer a seguinte recomendação: *"Cuidado, primeiro conte até 10"*.

Esta é uma estratégia realmente válida, porque quando começamos a contar, o córtex é ativado. Como a parte frontal e lógica do cérebro fica inibida durante o sequestro emocional, contar até 10 funciona como um gatilho ou como um pagamento de resgate para recuperar a razão e o pensamento lógico.

***

Liberar o potencial da equipe é um dos principais talentos da liderança de alto desempenho, mas dificilmente esse potencial será exercitado com um líder que não conheça e reconheça a importância desse processo emocional na gestão de relacionamento e no processo de liderar pessoas. E, sem esse entendimento, dificilmente haverá empatia.

Um ótimo exemplo de prática de um líder que apresenta boa performance na competência *inteligência emocional* é a facilidade para contratar pessoas tão boas ou melhores do que ele para trabalhar em sua equipe, sem o paradigma de que o líder é o mais inteligente ou o mais rápido na execução das atividades ou na condução de projetos.

O cuidado nesse caso é deixar que o talento de sua equipe possa apresentar suas habilidades, e que ele não seja podado ou limitado. Inteligência emocional não é mando-e-controle. Ao contrário, inteligência emocional é liberar o potencial individual e o potencial dos outros.

Com a competitividade cada vez mais elevada no mercado de trabalho, não sobrevive o líder tecnicamente mais inteligente ou o mais rápido nas tomadas de decisões. Sobrevive e prospera o líder que melhor se adapta aos cenários em constante mutação através da criação de sinergia com seu ciclo de influência, exercitando a empatia e a inteligência emocional como uma forte competência de liderança.

9
Liderar com credibilidade

Inspire confiança. Seja a voz da liderança

Credibilidade na liderança de alto desempenho é uma característica fundamental para inspirar a confiança de qualquer time. Se deseja ter credibilidade e influenciar as pessoas, em especial ao interagir com outros líderes, é importante ser conciso e permitir que as pessoas saibam claramente qual papel você quer que elas desempenhem no assunto. Ou, em outras palavras, e como já comentado em capítulos anteriores, **esclareça o propósito**. Também é importante desmistificar o conteúdo de qualquer mensagem que transmita, assim, garantirá um bom planejamento, uma ótima execução e resultados de excelência.

Todos esses fatores se relacionam com o desenvolvimento de uma voz estratégica de liderança. Sua voz de liderança está mais relacionada com o seu instinto estratégico, sua compreensão do contexto e sua percepção dos sinais que envia nas interações e comunicações diárias do que com o seu desempenho propriamente dito. Assim como a presença da liderança, sua característica-irmã, a voz da liderança, pode parecer algo intangível e, portanto, de difícil definição.

Mas o fato é que todos nós temos uma maneira preferida de nos comunicar com os outros, e fazer isso com intenção estratégica e sólida compreensão do contexto pode significar a diferença entre sucesso e fracasso em sua comunicação e **estilo de liderança.**

Um dos aspectos mais importantes de ter uma voz de liderança está relacionado com o fato de ser um líder estratégico. Com frequência, vemos líderes que ocupam altas posições dizendo que gostariam de promover um daqueles seus colaboradores de maior potencial, mas sentem que a pessoa não é estratégica o suficiente para progredir. É difícil admitir, mas talvez o problema não seja a falta de liderança estratégica potencial do candidato, talvez os gestores estejam falhando em explorar mais as habilidades estratégicas desses colaboradores e a forma como a estrutura organizacional fará a reposição de seus talentos.

Se você é a principal autoridade no assunto em questão, então, é provável que o contexto exija que você conduza os temas e tome a decisão final. Mas se é um dos vários líderes com possibilidade de contribuição, o papel que deveria desempenhar, e aqui declaro que esta é apenas uma sugestão, seria compartilhar sua visão e somar suas ideias às ideias dos outros, em vez de se preocupar em roubar os holofotes sozinho. Se você for um novato e não for convidado a se apresentar em uma reunião, então, o seu papel, no que tange à comunicação, seria observar e ouvir. Saber ou descobrir com antecedência qual é o papel que esperam de você é crucial.

Seja um visionário preservando seus valores. Às vezes, deixamos de explorar a *voz da liderança* porque nos concentramos demais em nossa própria função ou papel. Os líderes estratégicos são mais visionários do que isso, tendo uma visão empresarial que se concentra menos em si e mais em toda a organização e seus valores. Um outro lado de ser visionário é desenvolver a capacidade de articular as expectativas para o futuro e ter motivação para mudanças, sempre alinhado a um propósito.

Cultive relacionamentos estratégicos. Uma das melhores maneiras de construir seu pensamento estratégico é potencializar os relacionamentos de forma mais consciente, com objetivos de negócio bem específicos em mente. Isso requer a existência de líderes seniores que tragam uma perspectiva estratégica dos objetivos da organização, das mudanças, e das prioridades máximas à qual normalmente não temos acesso. Quando cultiva e investe em relacionamentos estratégicos amplos, isso o ajuda a evitar que fique preso a detalhes do dia a dia.

Traga soluções, não só problemas. Você pode se apresentar de forma mais estratégica, fazendo sua lição de casa e assumindo a liderança na análise das situações. Faça *brainstorm* de novas ideias que vão além do óbvio. Mesmo que não tenha a resposta perfeita, isso pode demonstrar sua capacidade de chegar em soluções inteligentes.

Permaneça calmo e transmita serenidade. O líder cuja *voz da liderança* é eficaz não se aborrece facilmente. Você pode proporcionar uma liderança equilibrada, mesmo quando todos à sua volta estão perdendo a compostura. Quando conseguir se limitar aos fatos em vez de entrar em parafuso, será capaz de liderar com uma voz mais poderosa.

> Lidere as pessoas sempre com muito respeito, com ética nos negócios, invista tempo para ouvir seus colaboradores, alinhe objetivos SMART para cada membro de seu time. Seja mais do que um líder respeitado. Seja um líder admirado, inspirando confiança, entendendo o outro primeiro para depois ser entendido, criando um ambiente de pura sinergia.

10
Liderar é comunicar

Melhorando o nível de engajamento dos colaboradores

Os conceitos de liderança e gerenciamento baseados em "comando e controle" têm se tornado cada vez menos viáveis. A facilidade de acesso rápido a diversas informações devido à globalização, novas tecnologias de integração e mobilidade, mudanças de como as empresas criam valores e integram os sistemas de comunicação entre os fornecedores, colaboradores e clientes, eliminando os silos, reduz drasticamente a eficácia desse modelo de gerenciamento, que seguramente já não é recomendado e está totalmente obsoleto para aplicação no cenário atual, no qual precisamos de líderes formando novos líderes. E para sair vitorioso desse jogo a regra é clara: libere os talentos de seu time.

Mas qual é o modelo de gestão que está tomando o lugar desse conceito antigo e que foi utilizado por muitos anos, e que ainda é observado em alguns casos?

Parte dessa resposta está em como os líderes gerenciam o processo de comunicação dentro das organizações, ou seja, como a liderança seleciona o tipo de comunicação para cada caso ou grupo de pessoas, garantindo que esse fluxo de informações flutue entre os colaboradores de forma assertiva.

Líderes de alto desempenho praticam a comunicação cara a cara, gerando um ambiente de conversação onde as duas partes envolvidas, emissor e receptor, tenham a chance de fazer um alinhamento pactuado e com expectativas claras e alinhadas.

Essa proposta moderna e arrojada consiste em o líder da equipe propor *"o que fazer"*, e essa definição também pode ser pactuada com o liderado, dependendo do grau de confiança entre as partes.

Por sua vez, espera-se que o colaborador ou liderado, com a responsabilidade da participação em como atuar frente a essa atividade ou desafio, mostre as possibilidades e alternativas de *"como fazer"*.

Essa forma de retroalimentação contínua entre líderes e colaboradores gera um fluxo de resultados formais que potencializa o talento de toda a equipe, pois dessa forma todos sabem *o que fazer, como fazer*, e quais são os resultados esperados. Esse tipo de alinhamento através de um processo de comunicação formal, estruturado e em duas vias precisa estar no mapa mental da liderança que quer fazer resultados através das pessoas, e não afogando estas mesmas pessoas com altas cargas de trabalho e falta de alinhamento de expectativas.

A formula mágica e indicativa mostra que:

Participação + Envolvimento = Resultado e Engajamento

Essa proposta pode ser facilmente validada quando o processo de comunicação é bem transparente e estruturado, visando um fluxo ganha-ganha, no qual o líder ganha por ter a certeza de que seu liderado sabe o que fazer e como fazer, assim como tem ciência dos resultados que são esperados dele, e ganha também o liderado, que tem uma rota bem definida para realizar suas atividades.

Nada pode ser mais importante do que esse alinhamento de expectativas, pois *para quem não sabe onde quer chegar, qualquer caminho serve.*

Empresas que realmente prezam por esse processo moderno e eficaz de comunicação são orientadas pelas cinco perguntas do engajamento.

Se você, como líder, tiver a certeza que seus colaboradores estão aptos a responder "sim" para cada uma das cinco perguntas abaixo, podemos afirmar que a rota está bem traçada e que você está no caminho certo da Liderança de Alto Desempenho.

Ao final de um processo de comunicação, faça as cinco perguntas a si mesmo e depois faça-as ao seu colaborador:

1. Você sabe **o que fazer?**
2. Você sabe **como fazer?**
3. Você **tem os recursos para fazer?**
4. Você **quer fazer?**
5. Você quer **fazer cada vez melhor?**

Essas são perguntas simples de fazer, mas que o líder deve estar bem preparado para as respostas, pois muitos liderados não têm certeza do que estão fazendo e como podem gerar resultados melhores se tiverem os recursos corretos e o propósito alinhado.

É muito importante que a liderança tenha em sua essência a prática do processo de comunicação, exercendo essa retroalimentação e dedicando um tempo para esse exercício. O tempo dedicado para essa prática é **tempo investido** e não tempo gasto.

Vale a pena comentar novamente que o líder de alto desempenho é aquele que *consegue extrair de pessoas normais resultados extraordinários.*

Crie um ambiente de trabalho engajador por meio de um processo eficaz de comunicação, libere os talentos de seu time e desfrute das recompensas de criar um modelo de gestão inspirado em **CONFIANÇA.**

11
Liderar por competências e valores

Líderes sustentáveis

Liderar por competências e valores ainda é um desafio para vários líderes, mesmo para aqueles mais clássicos, carinhosamente também conhecidos como "das antigas". Para explorar esse tema há uma pergunta que precisa ser entendida: os líderes já nascem com as características de liderança ou se formam líderes ao longo de um processo de desenvolvimento e prática?

Pois bem, algumas frentes de estudo afirmam que há indivíduos que já nascem líderes, não porque nascem com essa competência enraizada em seu íntimo, mas sim por nascerem em ambientes em que a liderança já lhes foi confiada ainda antes desses indivíduos aprenderem a falar. Um caso clássico para ilustrar esse conceito é o regime de monarquia, onde o bebê primogênito já nasce com a liderança em curso por estar na linha sucessória do rei.

Porém, mesmo esse bebê que já nasce com o título de líder de uma nação devido ao processo de sucessão pode falhar drasticamente em suas ações e tomadas de decisões caso não receba a formação adequada ou não aplique os conceitos das competências de liderança.

> O verdadeiro líder não é aquele que tem um título ou que ocupa um cargo de destaque em uma empresa, governo ou organização. O verdadeiro líder é aquele que se apropria da liderança, com propósitos claros e com comportamentos e atitudes valorizadas pela cultura em que está inserido.

Atualmente, há várias instituições corporativas e independentes que exercitam a formação de líderes de alto desempenho, onde todos recebem a mesma formação, aprendem as mesmas técnicas, e, muitas vezes, aplicam as mesmas metodologias em seus modelos de gestão. Mas, se todos recebem a mesma base de formação em termos de competência, por que somente alguns realmente se destacam como líderes de alto desempenho?

Um ponto crítico do processo de formação de líderes, e arrisco dizer que esta é a essência para a prática de uma liderança sustentável e inspiradora, são as decisões embasadas em **valores e princípios**. Competências de liderança podem ser aprendidas e exercitadas em várias escolas renomadas no Brasil e no mundo, tais como visão global, direcionamento para resultados, análise e solução de problemas, tomada de decisões, visão estratégica, modelos operacionais como o LEAN, empreendedor, criativo, estratégico, assertivo, etc. Há várias competências clássicas de liderança que encontramos na maioria dos materiais didáticos de formação de líderes.

A diferença está nos **valores e princípios** que os líderes têm como essência ao longo da sua formação como pessoa completa: **corpo – mente – coração – espírito**.

Alguns valores, que já não deveriam ser sequer um diferencial, mas sim mandatórios no conceito de toda a liderança, ainda se destacam, tais como **honestidade** e **integridade**, **respeito** com pessoas e suas respectivas diversidades, **paixão** em fazer o que é certo SEMPRE, e não porque os outros estão olhando, **segurança** das pessoas acima de qualquer resultado financeiro. Esse pacote deveria ser o padrão no mapa mental de todos os líderes, em todos os níveis.

A liderança baseada em valores é poderosa, sustentável, exemplar e necessária, independentemente do nível hierárquico ocupado.

Não há uma fórmula para garantir que em um futuro próximo todos seremos líderes de alto desempenho, mas seguramente estão no caminho do sucesso aqueles que trabalham as principais competências de liderança sempre embasadas em seus valores, inspirando confiança, esclarecendo propósitos, alinhando sistemas e liberando novos talentos, mantendo a premissa da ética dos negócios acima de qualquer outro ganho.

> "Liderar não é impor, mas sim despertar nos outros a vontade de fazer."

12
Cuide de seus colaboradores

Jogar para o time é a chave para o sucesso da liderança

Certa vez, ouvi de um líder, que eu respeito muito, a seguinte mensagem:

> "Cuide das pessoas, assim, elas cuidarão de você."

Essa colocação é muito verdadeira e poderosa, e potencializa a participação e o envolvimento das pessoas com os valores e objetivos das empresas.

Um exercício simples e muito interessante para líderes de equipes é pensar da seguinte forma: "se eu não for trabalhar hoje, a minha empresa irá funcionar normalmente?". A resposta esperada é "sim", desde que você tenha em seu departamento ou em sua empresa pessoas envolvidas com os valores, processos e objetivos.

A segunda parte do exercício é a mais interessante: e se você pensar ao contrário? "Se todos os meus colaboradores decidirem não trabalhar hoje, a minha empresa irá funcionar normalmente?". Dependendo do segmento em que você atua, seguramente terá um grande problema ao final do dia.

A instabilidade do mercado faz com que pequenas, médias e grandes empresas revisem suas estruturas de trabalhado a fim de manter um alinhamento das vendas com os custos operacionais. Afinal, basicamente há três formas de manter ou potencializar os lucros de seu negócio: vender mais ou vender melhor, reduzir os custos internos, ou ainda fazer os dois ao mesmo tempo, potencializando as vendas e otimizando os custos operacionais através do processo de melhoria contínua.

Frente a uma instabilidade de mercado e redução de vendas, muitas empresas tomam como primeira ação o desligamento de pessoas para reduzir os custos operacionais. Porém, se a redução de custos está simplesmente conectada ao desligamento de pessoas no curto prazo, quem irá ajudar-nos com o processo de melhoria contínua e otimização dos processos e redução de desperdício?

O desafio da liderança moderna é saber como usar os recursos humanos frente às demandas de tecnologias da manufatura 4.0, e oscilações externas de volume de vendas. As pessoas são os nossos recursos humanos, portanto, não podem ser tratadas como números e como ativos.

Se cuidarmos bem das pessoas da nossa empresa, praticando escuta ativa, investindo o tempo necessário para um processo de comunicação eficaz e transparente, chamando pelo nome, desejando um bom dia e um bom trabalho, planejando os pontos-chave de desenvolvimento a curto e longo prazo, entre outras ações, podemos criar um ambiente de trabalho saudável na esfera ganha-ganha, onde todo colaborador pode ser um representante da marca da empresa, seja no piso de fábrica ou no atendimento ao cliente.

> Líderes de alto desempenho focam no desenvolvimento dos CPFs (pessoas), para que possamos ter produtos e serviços de qualidade diferenciada para oferecer ao mercado, potencializando os resultados do CNPJ (empresa).

Valorize mais os recursos humanos da sua empresa, escute e valorize as pessoas, e veja como isso pode gerar sustentabilidade para o seu negócio.

13
Respeito é fundamental, não opcional

Se não há respeito, não há confiança;
se não há confiança, não há liderança

Em qualquer campo da vida, demonstrar respeito pessoal é fundamental na jornada em busca dos nossos propósitos. Não pode haver motivos ou razões que justifiquem a falta de respeito entre as pessoas, independentemente das diferenças de gerações, gêneros, raças e hierarquias.

No mundo corporativo isso não é diferente. O líder de alto desempenho não se destaca somente por suas habilidades técnicas, sua liderança se destaca e alcança resultados em nível de excelência por meio da confiança e do respeito que ela proporciona para sua rede de relacionamentos.

Quando falamos em respeitar o próximo não estamos falando somente em estender a mão, dar um bom dia e perguntar como as coisas estão. O respeito, em sua essência, é muito mais do que isso.

Estamos vivendo um momento ímpar, onde há duas grandes transformações acontecendo ao mesmo tempo. Uma delas é a mudança entre gerações, onde a mão de obra jovem cresce acentuadamente nos níveis de gestão e liderança, exalando necessidades pessoais e liberdade para inovar, e a outra é a transformação digital, que aumenta exponencialmente a conectividade entre as pessoas.

Dentro desse contexto, independentemente se o líder é mais experiente e mais clássico, ou se ele é um líder mais jovem e inovador, respeitar as pessoas deve ser algo que recebe grande atenção dentro do modelo de gestão e que seja classificado como fundamental. Respeito está relacionado à confiança, e a confiança está embasada nos pilares de caráter e conhecimento.

Dedique tempo para escutar ativamente as pessoas, que de forma direta ou indireta dependem de você para gerar resultados de excelência. Esclareça muito bem os propósitos, pois para quem não sabe onde deve ir, qualquer caminho serve. Libere os talentos do seu time para que eles possam entregar resultados em níveis de excelência.

Crie um sistema para dar *feedback* embasado em fatos, e abra um canal para escutar críticas e oportunidades de melhorias com a mente verdadeiramente aberta.

Dessa forma, você estará criando sinergia em um núcleo etnocêntrico, onde todos da sua rede de relacionamentos irão perceber um ambiente ganha-ganha.

Lembre-se de que na escalada vertical de nossas vidas profissionais, sempre temos alguém que já está acima, nos sustentando e liberando caminho para que possamos continuar a escalada em segurança. Portanto, nada mais justo do que dar continuidade e fazer o mesmo pelas pessoas que estão escalando a mesma montanha em busca de seus propósitos, fazendo e fortalecendo uma corrente do bem.

> Reconheça e tenha respeito pelas pessoas que de alguma forma contribuíram e contribuem em sua jornada, e demonstre respeito genuíno pelas pessoas que dependem de você e de suas contribuições para continuar escalando a montanha em busca do sucesso.

14
Vá direto ao fato

Foco é chave para a excelência em produtividade

Todos os dias enfrentamos diversos desafios, e a maioria deles envolve liderança de pessoas. Normalmente, há sentimentos envolvidos, divergências de valores, ruído na comunicação, necessidades individuais que conflitam com o objetivo final, e outros pontos mais.

Precisamos estar cada vez mais focados em conversas e discussões produtivas, direcionando o assunto ao fato, evitando o julgamento prévio e unilateral.

Se o tema em questão é um desafio que precisa ser resolvido, **vá direto ao fato**, focando a solução para o problema em questão. É fundamental focar nas pedras grandes para não se perder em meio aos cascalhos.

Muitas pessoas são ou estão carentes de reconhecimento e atenção, e sentem a necessidade de contar longas histórias para falar do fato propriamente dito, no intuito de mostrar conhecimento de causa. Essas conversas longas acabam roubando um precioso tempo de nossa rotina extremamente disputada por assuntos diversos, os quais, na maioria das vezes, aparecem sem ser convidados.

Há outros fatores observados, como a necessidade de autoridade sobre o assunto ou sobre as outras pessoas envolvidas, e a necessidade de terceirizar tudo, além de apontar culpados ao invés de focar na solução e na produtividade da conversa.

Eu costumo dizer que esse tipo de perfil pode ser caracterizado como "síndrome da pequena autoridade". Pessoas que têm necessidade de estar sempre com a razão, sem a grandeza necessária para assumir responsabilidades, e com um nível de terceirização dos problemas muito evidente, tentando demonstrar através de seu julgamento uma autoridade no assunto, ou mesmo autoridade sobre outras pessoas.

Evite esse tipo de pessoa, pois ela somente irá roubar seu tempo, sem produtividade efetiva, e ainda pode contaminar o ambiente falando das pessoas, fazendo comparações, divagando em vez de focar no fato.

O profissional prolixo contamina o ambiente, dispersa o foco, é extremamente improdutivo, e consequentemente irá levá-lo para a mesma esfera improdutiva caso você permita.

> Vá direto ao fato. Solicite educadamente que a conversa seja produtiva e focada no fato, para que assim seja possível manter o foco na solução, sem fazer julgamentos e sem buscar culpados.

Defina bem o tema da conversa antes do início, e, se possível, defina um tempo estimado para que o assunto seja discutido. Não permita divagações e uma conduta prolixa. Isso se chama foco!

15
Senso de apropriação

Participação + Envolvimento = Engajamento

Infelizmente, ainda é comum identificarmos profissionais que, apesar de cargos e títulos conquistados, estão negligenciando uma competência essencial para líderes que buscam a excelência: o senso de apropriação.

Um líder de alto desempenho não precisa necessariamente ter um cargo de liderança ou uma descrição de cargo que seja, de alguma forma, de grande impacto no cartão de visita. O verdadeiro líder que visa resultados de excelência com sustentabilidade a longo prazo apresenta um senso de apropriação muito forte em suas escolhas e em suas tomadas de decisão.

Uma amiga que atua como *coaching* certa vez me ensinou que não existe o **certo** ou o **errado**, o que existe são **escolhas** e **consequências**. Todos somos reflexo das nossas escolhas, das nossas decisões e das nossas ações. Precisamos buscar um propósito de vida e fazer escolhas sábias, alinhadas a esse propósito.

Os profissionais que, independentemente da posição hierárquica nas empresas, apresentam um senso de apropriação de suas necessidades e de seus resultados, sem a necessidade de terceirizar as responsabilidades, são mais produtivos, mais assertivos e muito mais felizes no ambiente de trabalho.

Se houvesse uma fórmula mágica para descrever engajamento, eu diria que é:

$$P + E1 = E2$$

Onde:

P = Participação
E1 = Envolvimento
E2 = Engajamento

Todos nós podemos ser líderes, com papéis distintos, mas com o mesmo senso de apropriação, fazendo a diferença em seu departamento ou em sua célula de trabalho. Não apenas para receber um reconhecimento do superior imediato ou para conquistar rapidamente um aumento de salário, mas sim porque trabalhar com a mentalidade de dono do negócio o tornará mais produtivo, mais feliz e mais engajado com o seu verdadeiro propósito de vida.

Sem a participação efetiva e sem um interesse genuíno pelo resultado de seu trabalho, não há condições sustentáveis de manter o engajamento em alto nível. Tudo que fazemos na vida precisa ter um propósito muito claro.

O que ainda vemos, em muitos casos onde facilmente identificamos um baixo senso de apropriação, é a terceirização dos problemas. Também podemos caracterizar como autossabotagem, apresentando um milhão de desculpas para justificar erros e resultados abaixo do esperado.

O senso de apropriação consiste em entender qual o seu papel e a sua importância no negócio como um todo, apoderando-se de escolhas sábias, ações efetivas e melhoria contínua, tudo em um ciclo vicioso que consiste em fazer as coisas com começo, meio e fim.

Busque sempre o extraordinário, sem se conformar apenas com o comum. Você irá surpreender-se com a sua capacidade de conquistar resultados ainda melhores através de suas decisões e ações, exclusivamente.

E, o mais importante, **alimente sempre a sua chama interior**, sem desperdiçar suas energias com futilidades, desgastando-se desnecessariamente.

> O melhor cartão de visita sempre será o resultado de um serviço bem feito.

> **EMPRESA: VOCÊ S.A.**
>
> **Especialidade da VOCÊ S.A.:**
> **Serviço bem feito**

Exercite o seu senso de apropriação, seja dono do pedaço no negócio em que você trabalha, faça escolhas alinhadas ao seu propósito de vida e não apenas por dinheiro.

> Tudo pode parecer impossível, até que seja feito por alguém com senso de apropriação.
> **Seja você essa pessoa!**

16
Liderar com foco na inovação

Os obstáculos para inovar em grandes empresas

Todos nós queremos inovar, pois inovar não é um desejo e sim uma necessidade nos dias de hoje. Porém, infelizmente, a palavra "inovação" não é um feitiço mágico ao estilo "Abracadabra" que, uma vez falado, torna as empresas mais inventivas, criativas e empreendedoras. A grande gama de definições para inovação dá-se pela abrangência de sua aplicação como vetor de desenvolvimento humano e melhoria da qualidade de vida, além de, é claro, otimizar e melhorar processos produtivos tornando-os mais competitivos e seguros.

Mas ainda há questões culturais, estratégicas, políticas e orçamentárias que devem ser enfrentadas pela liderança sênior e pelos demais líderes caso queiram garantir que suas organizações sejam proativas frente aos obstáculos presentes nesse processo, não só sobrevivendo, mas principalmente prosperando.

Em uma pesquisa divulgada em um artigo da conceituada *Harvard Business Review*, foi perguntado para líderes corporativos especializados em estratégia e inovação sobre os obstáculos mais comuns à inovação em grandes empresas.

Os primeiros obstáculos à inovação citados pelos entrevistados foram **política interna, guerras territoriais** e **falta de comunicação integrada**.

Sempre que você começa algo novo e que atinge departamentos distintos, há um risco potencial para que as pessoas sintam que você é uma ameaça, ao passo que sua iniciativa inovadora pode alavancar todas as áreas ao sucesso, mudando os padrões atuais, inovando um produto ou processo de forma integrada, sem silos departamentais ou funcionais, no qual todos ganham.

A liderança sênior talvez não seja capaz de esmagar todas as disputas políticas internas, mas ela pode ser bem clara sobre o que se espera que líderes e liderados façam, além de influenciar as equipes mostrando como os outros podem apoiá-la.

O segundo maior obstáculo citado pelos entrevistados está diretamente relacionado com as **questões culturais das empresas**.

A cultura em grandes empresas é tipicamente construída sobre uma base de excelência operacional e crescimento normalmente previsível. Os **agentes de mudança** que tentam conduzir experimentos raramente são recebidos de braços abertos, especialmente quando estão trabalhando em uma ideia que pode canibalizar negócios estáveis ou reduzir custos de mão de obra com a inclusão de alguma tecnologia que eventualmente melhore o modelo de produção e distribuição atual.

Não raro, ouvimos que "grandes empresas são como elefantes, com memórias longas para lembrar das tentativas de inovação do passado que não deram certo, e com estruturas pesadas que dificultam a mobilidade em qualquer nova direção".

A iniciativa de influenciar a cultura inovadora em empresas estabelecidas para gerar melhor aderência no circuito de inovação, muitas vezes, pode ser vista até mesmo como uma falta de alinhamento aos valores da empresa. *"Sempre sobrevivemos desta forma, vamos mudar agora?".*

As empresas que não abrirem a mente para o processo acelerado de inovação e tecnologia que se aplica atualmente com os conceitos da indústria 4.0 estão fadadas a fechar as portas nos próximos anos.

Há uma necessidade eminente de "criar ambientes" onde as pessoas possam se reunir para trabalhar em projetos, mesmo que pequenos, em sua amplitude, criando de forma positiva subculturas dentro da cultura maior. Assim, é possível garantir um melhor processo de comunicação e projetar novos tipos de incentivos, reconhecer os avanços e, até mesmo, recompensar os comportamentos que você deseja incentivar dentro do novo ambiente criado, trazendo ideias inovadoras e incentivando os diversos talentos da empresa.

Na empresa canadense Woodbridge, onde trabalho atualmente, incentivamos nossos colaboradores a participar de times de melhorias, onde criamos um ambiente saudável de inovação e melhoria contínua de atividades e processos através de ferramentas de análise e soluções de problemas.

> Em nossos programas percebemos e validamos que o caminho mais forte para superar os obstáculos da inovação é através de um claro processo de comunicação realizado por líderes inspiradores e sustentáveis, que transformam pessoas com potenciais em novos líderes inovadores.

17
O líder LEAN

Manufatura enxuta

Um dos modelos operacionais mais usados no segmento industrial é o LEAN – manufatura enxuta.

O modelo de gestão operacional LEAN, apesar de antigo, ainda é muito eficaz e realmente nos ajuda a direcionar ações operacionais, entre elas gerenciamento de fluxo de valor, eliminação de desperdícios, fazer certo da primeira vez para evitar retrabalho, ambiente de trabalho limpo e seguro, processos padronizados, gestão visual para tomada de decisões e muitas outras.

> O líder de alto desempenho normalmente já tem enraizado em seu mapa mental os conceitos do LEAN para realizar seu planejamento e para executar suas atividades.

As ferramentas do LEAN também trazem de forma direta um ambiente de integração entre todas as disciplinas e hierarquias, pois seus conceitos podem ser aplicados desde um posto de trabalho complexo no piso de fábrica até no escritório de um grande executivo.

A premissa da manufatura enxuta é a *melhoria contínua*, realizada pela eliminação de desperdícios. Algumas ferramentas LEAN são clássicas e extremamente poderosas, e a aplicação dessas ferramentas direciona o precioso tempo dos líderes de alto desempenho para o quadrante Q2 da *matriz do tempo*, ou seja, para o quadrante das atividades estratégicas para os negócios e para o desenvolvimento individual e crescimento integrado da equipe de trabalho.

As ferramentas mais clássicas da gestão LEAN ou liderança da manufatura enxuta são: 5S, GEMBA, Kaizen, gestão visual e trabalhos padronizados, melhor descritas a seguir:

5S – Essa ferramenta emprega de forma muito inteligente cinco sensos, que, se aplicados da forma correta, são extremamente eficazes na geração de resultados e na transformação de ambientes de trabalho. São eles: senso de utilização, senso de ordenação, senso de limpeza, senso de saúde e higiene e senso de disciplina para manter os sensos anteriores em ação.

GEMBA – Consiste em uma prática muito simples: "vá ao local de trabalho e veja o que está acontecendo". Os líderes de alto desempenho acompanham de perto e entendem as operações de seus negócios. O simples fato de observar fisicamente uma atividade em ação pode trazer uma visão ampliada das possibilidades de melhorias e eliminação de alguns desperdícios.

KAIZEN – Melhoria contínua – busca a eliminação de desperdícios nas operações e nas atividades, onde o conceito original aborda sete frentes de atuação para eliminação de desperdícios: transporte, tempo de espera, excesso de produção, defeitos, inventário, movimentação e excesso de processamento. Há discussões mais recentes que tratam o desperdício da criatividade como o oitavo desperdício.

Gestão visual – É importante que as principais informações e indicadores de um departamento ou de uma atividade estejam disponíveis em uma gestão visual, independentemente do nível de tecnologia, podendo ser um monitor com dados em tempo real ou até mesmo um gráfico no qual os próprios colaboradores fazem a atualização manual. Saber se estamos ganhando ou perdendo o jogo através de um placar envolvente é primordial para a tomada de decisões assertivas e para o engajamento da equipe.

Trabalhos padronizados – A padronização de atividades afins, em que mais de um indivíduo executa a mesma tarefa, traz grandes ganhos de produtividade, repetibilidade e qualidade do trabalho e do produto ou serviço final. A padronização traz segurança para o colaborador e para o líder e gera confiabilidade e satisfação do cliente final.

Agora que você sabe dessas técnicas, pense em como essas boas práticas podem ajudar em seu dia a dia, quais desperdícios você pode reduzir ou eliminar, e como o seu negócio pode ter ganhos ainda não explorados.

18
Planejamento para uma transição da liderança

Prepare alguém para assumir a sua posição antes da sua transição

A transição de liderança é mais comum e importante do que nunca. Os novos líderes podem ter sucesso de maneira espetacular concentrando-se em cinco dimensões básicas de uma transição de nível de liderança, são elas:

1. Qualidade da transição: Antes de pensar em suceder uma liderança sênior, o novo líder deve assegurar que a sua própria sucessão também esteja bem planejada e suportada.

2. Planejamento estratégico: Uma liderança sênior não pode apenas focar a conquista de resultados expressivos nos noventa primeiros dias da nova função, como inclusive é recomendado em algumas literaturas de expressão. Os resultados devem ser embasados nos valores da empresa visando a sustentabilidade.

3. Associar maturidade e senioridade: A maturidade conquistada pelos resultados obtidos através das escolhas feitas não pode ser confundida com a senioridade que normalmente ainda precisa ser construída na nova função. "O que nos trouxe até aqui? E o que garantirá o sucesso daqui em diante?".

4. Execução: Comunicar de forma clara e eficaz para garantir aderência ao plano, executar 100% dos compromissos declarados no planejamento, atuando de forma sistêmica, ordenada e analítica.

Planejamento sem ação é apenas um desejo, longe de ser uma meta com objetivos.

5. Declaração do propósito: Talvez seja o ponto mais importante e o que garantirá o sucesso da transição da liderança. A declaração do propósito para qual o time estará empregando seus esforços é fundamental, pois para quem não tem certeza de para onde deve ir, qualquer caminho serve. Defina de forma precisa o caminho para a liderança direta – isso se chama "alinhamento do foco".

Toda transição de liderança gera incertezas e algumas questões intrínsecas serão inevitáveis, tais como:

- O novo líder descobrirá e aproveitará oportunidades reunindo o time certo para dar continuidade ao modelo estabelecido?
- As mudanças serão sustentáveis?
- O que ele mudará?

Essas perguntas podem se resumir a apenas uma: **o novo líder será bem-sucedido?**

A transição executiva de alto nível talvez seja a coisa mais importante que acontece dentro de uma empresa. Pela natureza do papel, a ação ou inação de um novo líder sênior influenciará significativamente o curso do negócio, para melhor ou para pior. No entanto, apesar dessas altas apostas, os novos líderes nem sempre estão preparados para a transição e, consequentemente, para assumir novos papéis.

As consequências são enormes e as transições executivas são tipicamente eventos de alto risco e alta tensão. Entretanto, quando novos líderes são solicitados a classificar os desafios da vida em ordem de dificuldade, não pode ser normal que o primeiro item da lista seja *"fazer uma transição vertical no trabalho"* – antes de questões familiares ou até mesmo de sua própria saúde.

> Bons líderes trabalham, até mesmo de forma
> inconsciente, os imperativos da pessoa integral:
> corpo, mente, coração e espírito.

Se o novo líder sênior tiver sucesso, a empresa desse líder provavelmente terá sucesso. Nove entre dez equipes cujo líder sênior teve uma transição bem-sucedida cumprem suas metas de desempenho de três anos.

Além disso, o risco de atrito para essas equipes é 13% menor, seu nível de esforço discricionário é 2% maior e elas geram 5% mais receita e lucro do que a média. Porém, quando os novos líderes lutam por uma transição para uma posição de liderança sênior de forma ambiciosa e desenfreada, o desempenho de seus subordinados diretos é 15% menor se comparado a times de líderes de alto desempenho, pois nesse caso o fator "inspire confiança" foi negligenciado.

Vale ressaltar o que comentamos em outros capítulos. "Não basta um líder conquistar o respeito de sua equipe pelos seus resultados, *o líder de alto desempenho deve inspirar confiança pelo seu comportamento*, pela forma como gerencia processos e lidera pessoas, e pelos seus exemplos praticados e não simplesmente discursados."

Entenda o momento e as necessidades da empresa no ato da transição da liderança sênior, pois essa leitura de cenário será crucialmente importante para o sucesso da transição, uma vez que sabemos que não são os mais fortes e os mais inteligentes que sobrevivem e prosperam, são os que se adaptam rapidamente às constantes mudanças sem perder o foco do propósito declarado.

PARTE III: GERENCIAMENTO

Lidere pessoas e gerencie processos

> Todo bom líder constrói um forte modelo de gestão.

Um modelo de gestão consistente precisa ser simples, objetivo e funcional. Não há um modelo funcional para todos os segmentos e para todas as equipes. Por isso, o líder deve elaborar e construir seu modelo de gestão customizado, levando em conta o mercado em que atua, agregando a cultura organizacional e o perfil da equipe.

Abaixo, compartilho com vocês o meu modelo de gestão atual, onde graficamente tenho as referências que preciso para "jogar o jogo" com minha equipe:

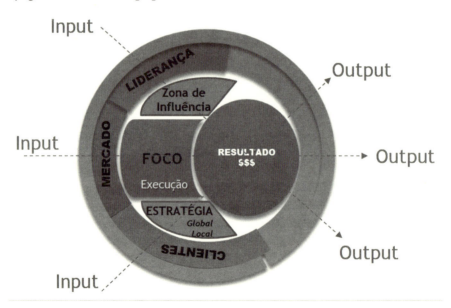

Modelo de gestão: Fabio Martins

O modelo de gestão nada mais é do que um reflexo do *mindset* da liderança sênior da organização ou do mapa mental de seus fundadores, normalmente responsáveis pela criação do planejamento estratégico da empresa.

O *output* do seu modelo de gestão deve ter como objetivo sempre um resultado, para que todos saibam para onde devem direcionar as energias e o foco.

Esse modelo irá ditar o comportamento do líder e da equipe, e será um direcionador de rota sempre que necessário, para que todos estejam alinhados e focados no mesmo objetivo.

19
Simplifique seu modelo de gestão

Simplifique para facilitar e para engajar os envolvidos

Muitas empresas e muitos líderes trabalham conceitos de modelo de gestão que ao invés de simplificar os processos de forma clara e objetiva se tornam complexos e lentos para a gestão do dia a dia.

Ainda vemos muitos modelos estruturados em pilares de redução direta de custos operacionais ou no aumento das vendas. Não há nada errado nesse processo, pois é bem óbvio que para melhorar a rentabilidade de um negócio ou reduzimos os custos, ou aumentamos as vendas, ou fazemos os dois simultaneamente.

Porém, o foco aplicado de forma direta aos conceitos de custos e vendas acaba sendo uma meta somente do dono do negócio propriamente dito ou do gestor sênior da empresa. Para os demais níveis de liderança, o foco direto em redução de custos e aumento das vendas é efeito e não causa.

Um forte modelo de redução tem conceitos bem estruturados de ação nos fluxos e processos (causa) para gerar um resultado de excelência (efeito).

Como trabalhar um modelo simples de gestão no qual todos os colaboradores, independentemente de sua posição hierárquica, podem, de forma engajada, contribuir com ideias e ações que irão criar a alavanca propulsora necessária para o atingimento das metas financeiras/operacionais?

A primeira recomendação, e que reforça o que já destacamos em capítulos anteriores, é ter um time em que você confia. Mas como criar esse ambiente de confiança em uma equipe de trabalho?

A seguir, temos uma proposta simples, embasada em três pilares estratégicos que podem ajudar na estruturação de um modelo de ges tão engajador através de participação e envolvimento, indiretamente conectado aos custos e vendas, e que pode alavancar os resultados.

O primeiro pilar recomendado é **SSMA** – Segurança, Saúde e Meio Ambiente. A maioria das empresas apresenta um ótimo discurso sobre SSMA, mas em uma rápida caminhada pela fábrica, praticando o GEMBA, vemos que a teoria e a prática não estão conectadas. Um ambiente de trabalho seguro gera confiança aos colaboradores, aumentando a credibilidade da empresa internamente, gera valor para os clientes, e cria uma conexão da responsabilidade da empresa com o bem-estar dos colaboradores. *"Nossos colaboradores precisam retornar aos seus lares com a mesma integridade física e mental com que iniciaram sua jornada, ou ainda melhores".*

O segundo pilar recomendado é o **ENGAJAMENTO**. Sem participação e envolvimento dos colaboradores nos fatores de sustentação do negócio não há engajamento. Há várias ações que podem ser trabalhadas dentro do pilar *engajamento*, desde atividades de capacitação e desenvolvimento dos colaboradores até programas de reconhecimento por ideias inovadoras ou atitudes diferenciadas alinhadas aos valores da empresa.

Que tal ao final de cada mês reconhecer os colaboradores que tiveram atitudes diferenciadas? Todos gostam de saber se estão no caminho certo, pois, para quem não sabe para onde ir, qualquer caminho serve.

Outra prática de engajamento muito boa e que vem do coração dos líderes é tratar os colaboradores como pessoas, e não como ativos da empresa. Chame-os pelos nomes, saiba das dificuldades de cada um, independente se essa dificuldade é profissional ou mesmo pessoal, pois temos somente uma vida e os elos pessoais e profissionais estão fortemente conectados. E, por fim, pratique a escuta ativa. As pessoas precisam ser ouvidas, pois cada uma apresenta necessidades diferentes de desenvolvimento, alinhamento e reconhecimento. Tudo o que fazemos precisa ter um propósito bem claro.

Ainda dentro do pilar de *engajamento*, uma boa prática é o alinhamento pactuado de objetivos SMART[1] entre líder e liderado, onde ambos convergem para um comum acordo de metas específicas.

O terceiro pilar recomendado é a prática **LEAN**, também conhecida como prática da melhoria contínua. Segundo o modelo Toyota, os desperdícios dentro de uma operação, ou mesmo dentro de um escritório, são basicamente destacados em sete categorias: transporte, espera excessiva, excesso de produção, defeitos, inventário, excesso de movimentação e excesso de processamento. Há abordagens mais recentes que trazem um complemento e a sugestão de um oitavo desperdício, que é a *criatividade*. Temos várias ideias inovadoras, mas acabamos deixando essas ideias no campo da intenção, sem nenhuma ação efetiva.

> Segundo William Deming, "o que não é medido não é gerenciado", e, consequentemente, não pode ser melhorado.

Considerando que os três pilares – SSMA, engajamento e melhoria contínua – estão bem implementados, todos os colaboradores podem ser donos do negócio, obviamente de forma fracionada, gerenciando as oportunidades de segurança e melhoria contínua em seu espaço de trabalho, seja este espaço uma célula de manufatura ou uma sala de escritório.

---

1 Objetivos **SMART**:
Specific – Específico (Referência de algo único, direcionado);
Measurable – Mensurável (Definir uma forma de medir o resultado. Precisa ser numérico);
Attainable – Atingível (O objetivo deve ser viável);
Relevant – Relevante (Precisa ter impacto no resultado e no desenvolvimento do colaborador);
Time Bound – Temporal (É preciso definir uma data limite para atingir o objetivo).

Alinhe esses três pilares em seu mapa mental e terá um modelo de gestão bem simples, de fácil implementação e resultados sustentáveis.

Após a consolidação desse modelo, você pode inserir novos fluxos e deixar o modelo mais elaborado, porém não complexo!

20
Gestão do foco para a liderança

Respeite a lei dos retornos decrescentes

A difícil rotina das empresas, independentemente se elas são de pequeno, médio ou grande porte, é gerenciada com a visão de atingir várias metas e objetivos ao mesmo tempo. Entre essas metas estão aquelas com foco em vendas, outras com foco no operacional, outras com foco no cliente, algumas com foco em redução de custos, e a lista parece não ter fim.

Obviamente, todas as metas e objetivos são importantes e devem estar dentro do planejamento estratégico, sendo este devidamente comunicado e implementado para cada empresa em sua essência.

Porém, por definição da **lei dos retornos decrescentes**, quanto maior for o número de metas gerenciadas por um líder ou por um time, menor será o índice de sucesso no atingimento dessas metas. Ou seja, se temos na **gestão do foco** o gerenciamento de uma ou duas metas, o índice provável de sucesso atingindo os objetivos é de 100%.

Na contramão, líderes e times que atuam em várias metas ao mesmo tempo, por exemplo, de sete a dez metas, o provável índice de sucesso é 0%, pois o foco está disperso.

Mas como adequar o modelo de gestão para trabalhar com apenas duas metas se todas as outras que estão declaradas no planejamento estratégico também são importantes?

A técnica sugerida é adequar seu modelo de gestão destacando entre todas as metas importantes aquelas que são *crucialmente importantes*, ou seja, se elas não forem atingidas, as outras metas já não valem nada.

Nesse modelo de gestão, as Metas Crucialmente Importantes (MCI) são tratadas separadamente e com o foco total da liderança, com ações diárias ou semanais, monitoradas por um placar visível, atualizado e simples de ser entendido por todos.

Todas as outras metas continuam dentro do modelo de gestão no quadrante Q1 da matriz do tempo, que representa o furacão da rotina diária das empresas. São as metas ou atividades urgentes e importantes. Esse quadrante é de suma importância para manter as operações rodando e fazer com que a empresa sobreviva.

Já as Metas Crucialmente Importantes são gerenciadas no quadrante Q2 da matriz do tempo. Ou seja, fazem parte da estratégia da empresa e precisam de foco diferenciado fora do furacão do quadrante Q1. As metas do quadrante Q2 são responsáveis pela prosperidade do negócio.

A gestão do foco através da técnica e da definição de metas crucialmente importantes normalmente é utilizada em duas diferentes frentes estratégicas. Uma delas é quando há um problema grave e sistêmico que pode colocar em risco os resultados da empresa, sejam esses resultados financeiros ou operacionais.

A **gestão do foco** através da definição das MCI irá ajudar a reduzir ou mitigar o problema, enquanto a segunda frente estratégica é aplicada mesmo quando todas as várias metas estão atingindo os objetivos. Entretanto, podemos selecionar alguma MCI visando não apenas bons resultados, mas também a tão cobiçada *excelência*.

Matriz do tempo

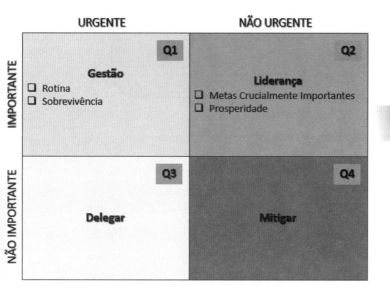

Q1 – Faça agora – São as chamadas crises, reuniões, problemas urgentes, fluxos, processos, projetos de curto prazo, o furacão diário.

Q2 – Decida quando fazer – preparação, planejamento, estratégia, relacionamentos, gestão do foco – Planejar e executar.

Q3 – Delegue – Interrupções, telefonemas, e-mails para terceiros com você em cópia, reuniões de última hora, tarefa importante para outros e não para você.

Q4 – Elimine – Fofocas, "rádio peão", conversas paralelas, e-mails desnecessários, navegação em redes sociais sem um propósito alinhado com as suas metas.

Perceba que os quadrantes Q1 e Q3 são importantes para a sobrevivência da empresa, pois é o gerenciamento da rotina. O quadrante Q4 deve ser banido de qualquer modelo de gestão de um líder de alto desempenho. E o quadrante Q2, por fim, é o que se destaca como estratégico para a liderança, com foco no que é crucialmente importante para resolver um problema sistêmico ou na busca da excelência nos negócios.

> "Você não conquista o que deseja, você conquista o que você foca e o que realmente se compromete a conquistar."

21
Desaprender o tradicional para aprender o novo

Temos que desaprender para aprender – faz sentido?

Na Era da 4ª Revolução Industrial, na qual as mudanças chegam de forma avassaladora em vários segmentos da indústria e do comércio, ainda temos dúvidas de como podemos sobreviver e prosperar em um ambiente em que o conhecimento e as novidades são amplamente veiculados por canais digitais e de acesso fácil e rápido, tanto pelos nossos fornecedores e clientes, quanto por nossos concorrentes.

Há uma passagem muito interessante no livro *Gestão do Amanhã*, dos autores Sandro Magaldi e José Salibi Neto, que aborda temas de inovação, gestão e liderança para vencer na Era da 4ª Revolução Industrial. Na introdução do livro, os autores fazem uma menção a um desenho animado chamado *Os Jatsons*, conhecido por muitos brasileiros e que fez sucesso nas décadas de 80 e 90. O desenho foi muito interessante por sua abordagem futurista, em que os carros voavam, a empregada doméstica chamada Rose era um robô, e um monte de quinquilharias eram acionadas automaticamente para executar tarefas que normalmente são realizadas por humanos.

Apesar de ser uma obra de ficção, e bem futurista para a época, nunca estivemos tão perto do cenário vivido pela família Jatson como hoje.

A transformação pela qual passa a sociedade atualmente é tão veloz e tão voraz que os indivíduos não conseguem perceber racionalmente o processo de mudança. Seus impactos, no entanto, são e serão mais sentidos do que nunca, e, como resultado, surgem discussões e dúvidas sobre como será o futuro da humanidade.

Há estudos que mostram que mais de 50% das profissões que existem hoje não existirão mais daqui a vinte anos, e que as profissões que serão mais bem renumeradas no futuro ainda não existem.

Como podemos orientar os nossos filhos a estudar advocacia, engenharia ou medicina, sendo que já há sistemas de inteligência artificial atuando fortemente nessas áreas?

O processo de transformação só acontece por meio das pessoas, sendo a educação e os novos conceitos os seus maiores vetores em termos de relevância.

Para a prática de conversão desses movimentos é necessário que os indivíduos entendam as dinâmicas das mudanças e que busquem uma educação conforme a demanda dessa nova realidade, em que as coisas mudam mesmo antes que você entenda os passos e os processos anteriores.

Temos que desaprender para aprender

Como tudo está mudando, não só em questão de máquinas, equipamentos e automação, mas também na forma de liderar pessoas e gerenciar processos, temos que quebrar o paradigma do tradicional e liberar caminho para o novo.

A recomendação aqui não é negligenciar o que nos trouxe até aqui, mas se não liberarmos caminho para que possamos evoluir, ficaremos amarrados ao tradicionalismo enquanto o mundo evolui seus conceitos em termos de cultura, novos modelos mentais, inovações, etc. Essa revolução não é uma tendência, ela já é uma realidade. É uma questão de sobrevivência e prosperidade.

> Em outras palavras, não podemos garantir que o que funcionou bem até agora continuará nos dando o retorno esperado no futuro.

Temos que exercitar a habilidade de adaptação, aprender coisas novas e criar meios para aplicar os novos conhecimentos, acompanhando as mudanças disruptivas em todos os campos de nossa vida, seja no âmbito profissional ou pessoal.

Assim como em um jogo de videogame, precisamos evoluir e passar de fase. A estratégia de jogo usada na primeira fase foi muito boa, mas não será a mesma utilizada nas fases seguintes. Precisamos desenvolver novas técnicas, novas habilidades e novas estratégias para continuar evoluindo e passando de fase.

Devemos ser mais críticos quanto aos modelos de liderança e gestão aplicados atualmente, estar com a mente aberta para receber "o novo" como um presente. E, mais importante do que aprender, será encontrar os caminhos para aplicar os novos conceitos, caso contrário, seremos ótimos observadores e péssimos executores.

Uma boa resenha para uma visão de futuro é que os indivíduos não somente precisam aumentar e melhorar seus repertórios através de estudos e busca de novos conhecimentos, mas que tenham, acima de tudo, a habilidade de armazenar ou até mesmo descartar algumas informações e aprendizados para abrir caminho para novos modelos e novos conceitos.

E para que a adaptação seja plena, não haverá outra forma a não ser abandonar a goiaba e ver que o mundo fora dela é exuberante.

Não seja o bicho da goiaba dentro de sua organização ou de seu negócio. Escolha sair do tradicional para aprender o novo.

"Inteligência é a capacidade de se adaptar às mudanças." (Stephen Hawking)

22
Migrando do modelo CHÁ para o CAFÉ

Seja criativo – tenha a mente aberta para inovar processos de gestão

Na implementação de uma gestão por competências, uma ferramenta muito utilizada por profissionais de gestão de talentos é a avaliação CHÁ, acrônimo conhecido para divulgar a proposta conjugada de **Conhecimento, Habilidades e Atitudes**.

O CHÁ está diretamente conectado a modelos de gestão por competências, em que, em geral, o Conhecimento é o saber teórico, é tácito e presente apenas na mente do profissional. O grande desafio das organizações é transformar o conhecimento tácito em conhecimento explícito. Habilidade é o saber fazer, e o ideal seria a junção de **Conhecimento e Habilidade**, mas essa combinação nem sempre é possível.

Muitas vezes, quem tem o conhecimento não é quem executa. A habilidade, em regra, depende de prática, treino, erros e acertos. Atitude está ligada a ação. Não adianta ter conhecimento e habilidade e não ter atitude. **Atitude** é querer fazer.

Muitos profissionais não apresentam disposição e atitude para as mudanças necessárias, nem mesmo frente a uma necessidade eminente de adaptação aos cenários competitivos em contínua mutação na busca de excelência nos negócios.

No contexto do CHÁ, aproveitando a abordagem sobre a **Atitude** para sugerir e aceitar mudanças, aproveito a oportunidade do *Resenhas de liderança* para formatar uma nova visão das competências básicas necessárias, alternando da gestão de competências do modelo do CHÁ para a um novo modelo, o **CAFÉ**.

O **CAFÉ** é indiscutivelmente uma paixão nacional, que, além de nos dar muito prazer durante sua apreciação, também nos traz energia durante nossa turbulenta jornada de trabalho. Nada mais justo que adaptar e melhorar a técnica do pacato CHÁ para o vigoroso CAFÉ.

No contexto da essência do modelo aqui proposto, o **CAFÉ** também é um acrônimo que representa um conjunto de competências básicas que se espera observar em líderes de alto desempenho, independentemente do nível de liderança, podendo ser observadas desde uma liderança de departamento até na mais alta liderança de uma organização.

As competências agrupadas no modelo **CAFÉ** trazem um novo conceito, ainda no formato de resenha, considerando os quesitos **C**aráter, **A**titude, **F**lexibilidade e **E**xecução, ou seja:

> **C** – Caráter – Intenções e integridade – Primeiro pilar de uma gestão de confiança.
> **A** – Atitude – Lidera pelo exemplo e pela crença dos valores da organização.
> **F** – Flexibilidade – Administra com flexibilidade entendendo e aceitando mudanças.
> **E** – Execução – Foco na execução do planejamento para o atingimento de objetivos e metas, sempre alinhado ao planejamento estratégico da organização.

Nessa adaptação, **Conhecimento** e **Habilidade** não aparecem no conceito **CAFÉ**, não porque não sejam mais importantes, mas simplesmente porque podem ser desenvolvidos com base em algumas técnicas de aprendizado.

Os novos entrantes, **Caráter**, **Flexibilidade** e **Execução**, fecham a nova proposta **CAFÉ**, conectando a necessidade atual de adaptação aos cenários em constantes mudanças operacionais, empresariais e corporativas.

Caráter é o principal pilar do cerne da confiança. Como trabalhar com um líder ou liderado que não atua de forma íntegra e com intenções claras?

> "Contrate caráter e treine habilidades."
> (Peter Schutz)

Flexibilidade dentro de nossa proposta do modelo **CAFÉ** pode ser validada por uma frase conhecida por todos que já estudaram algum tema sobre administração ou liderança, e que é repetida propositalmente várias vezes nesta obra: "Não é o mais forte que sobrevive, nem o mais inteligente, mas o que melhor se adapta às mudanças" (Charles Darwin).

Porém, somente adaptar-se de forma flexível aos novos cenários sem uma iniciativa focada em Execução não garante o sucesso da nova proposta. A excelência em Execução é fundamental para o fechamento das competências dentro do modelo **CAFÉ**.

Faça uma autoavaliação de como você está enquadrado atualmente frente a essa nova proposta, e caso se identifique com ela, faça a abrangência para o seu time direto. Tenho certeza que todos serão positivamente energizados pela proposta **CAFÉ**.

23
Excesso de confiança ou falta de responsabilidade?

Ajuste seus limites e faça bons negócios

Todos os dias os líderes de diversos segmentos sofrem uma pressão muito grande para atingir resultados superiores em curto e médio prazo, garantindo assim a saúde financeira e operacional imediata, e também resultados de longo prazo, visando a diferenciação, sustentabilidade e prosperidade dos negócios.

Esse cenário competitivo e em constante mutação exige da liderança um nível muito alto de competências como visão de negócios, *drive* para resultados superiores, análise e solução de problemas, tomada de decisões em cenários não estruturados, etc.

Essa demanda por resultados superiores faz com que grandes líderes tomem decisões ousadas, inovadoras e criativas de forma constante, mas que devem ser embasadas em alguns conceitos de análise de risco, pois, caso contrário, podem gerar efeitos colaterais catastróficos para a equipe e para os negócios.

Quando vivenciamos uma situação em que há a necessidade de uma tomada de decisão ousada, precisamos SEMPRE questionar se essa ousadia não está rompendo o limite superior do excesso de confiança ou o limite inferior da falta de responsabilidade, pois qualquer decisão que nos posicione fora desses dois limites seguramente nos levará à negligência de alguns fatores primordiais para a saúde do negócio.

Em situações como essas, é recomendado sempre ter uma rotina rodando em paralelo no seu mapa mental, onde respostas rápidas irão automaticamente direcionar se estamos trabalhando dentro dos limites recomendados para uma tomada de decisão de qualidade.

Caso a decisão, independentemente do contexto, gere dúvidas sobre riscos de integridade física de algum colaborador ou de pessoas envolvidas no processo, podemos dizer que estamos trabalhando fora dos limites e sem o respaldo necessário. Outro exemplo, nessa mesma linha de raciocínio, é considerar se a decisão pode colocar em risco a saúde financeira do negócio ou mesmo a qualidade da gestão de relacionamento com as partes envolvidas em seu segmento.

Caso esses riscos que nos posicionam fora dos limites realmente ocorram, e caso o respaldo necessário para a correção de rota não for bem articulado, as consequências podem custar cargos, contratos e, muitas vezes, até mesmo a falência do negócio.

Trabalhar cenários nos limites do excesso de confiança ou falta de responsabilidade expõe os melhores líderes, deixando-os suscetíveis a erros e colocando em risco a integridade física das pessoas ou a saúde financeira do negócio, simplesmente por negligenciar a avaliação dos riscos básicos da gestão.

É valido afirmar que mais importante do que ter alta graduação acadêmica é ter sabedoria para não deixar que a ousadia e a criatividade transcendam as barreiras do excesso de confiança e da falta de responsabilidade, o que normalmente pode ser observado pelo egocentrismo e pela vaidade.

Se você for um desses líderes ousados e criativos, não deixe de usar as competências em que você melhor navega para gerar resultados extraordinários. Crie processos otimizados, ouse com um modelo de gestão moderno e mais alinhado ao cenário global atual, faça coisas diferentes para obter resultados melhores, mas certifique-se de que em seu mapa mental também esteja rodando uma rotina pensante de análise de riscos.

Além disso, cerque-se de pessoas que você confia e aceite as críticas, pois elas são uma ótima referência para os ajustes dos seus limites de excesso de confiança ou falta de responsabilidade.

> Todo líder de alto desempenho trabalha dentro dos limites, sem excessos e sem as faltas, mantendo um equilíbrio entre a ousadia, a criatividade, a inovação e o bom senso.

Ajuste os seus limites e faça bons negócios!

PARTE IV: INFLUÊNCIA

A gestão de relacionamentos é uma das competências mais interessantes mapeadas nos líderes de alto desempenho.

Não raro, vemos exemplos de líderes que não têm uma formação acadêmica fabulosa e, tampouco, passaram por treinamentos complexos de melhoria de competências essenciais, e, mesmo assim, esses líderes têm um talento sensacional para vender sua ideia através de um processo claro de comunicação, gerando a **confiança** necessária para influenciar outras pessoas.

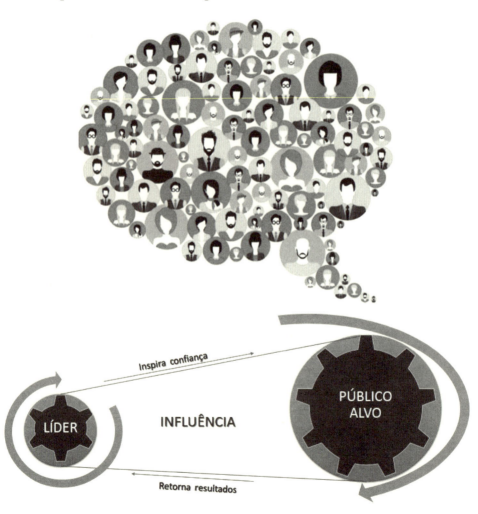

24
Inspire confiança

Os quatro imperativos de uma liderança de alto desempenho

O líder precisa enxergar os membros de sua equipe como "pessoas completas", pessoas com ideias diferentes, com potencial não explorado, algumas com dificuldades para dar o próximo passo, e, ainda, outras com sentimentos mais aflorados.

Para poder liderá-las apropriadamente, grandes líderes se esforçam para criar um local de trabalho onde as pessoas querem estar e no qual podem dar o seu melhor.

De acordo com a consultoria FranklinCovey, instituição especialista na formação de líderes de alto desempenho, grandes líderes podem ser definidos por quatro imperativos, que serão descritos abaixo.

Inspire confiança: construa a credibilidade de um líder para que as pessoas confiem em você em todos os momentos. Mostre clareza em suas intenções e seja fiel aos seus compromissos com as pessoas, nivelando a intenção com a efetiva ação.

Nós somos medidos e avaliados em todos os momentos, mesmo que de forma indireta. Precisamos, na maioria das vezes, de muito tempo para conquistar confiança, mas podemos perdê-la em questão de segundos.

Confiança é a base para a jornada do sucesso profissional, independentemente do segmento de atuação, pois é o que irá liberar o caminho para uma integração sincera entre líderes e liderados, levando a ganhos exponenciais e contínuos que se retroalimentam.

Esclareça propósitos: defina um propósito claro e convincente que motivará as pessoas a oferecerem o seu melhor para alcançá-lo.

Uma equipe de alto desempenho precisa ter metas e objetivos claros e bem definidos, pois para quem não sabe onde quer chegar, qualquer lugar serve.

O ponto-chave desse imperativo é assegurar que as pessoas estejam trabalhando em busca das metas e objetivos porque há um propósito muito claro para elas, e não apenas porque a empresa ou a alta gestão quer que seja feito de determinada forma. As coisas precisam fazer sentido.

Alinhe sistemas: crie sistemas eficazes que suportem os propósitos e as metas da organização, permitindo que as pessoas deem o melhor de si, trabalhando independentemente de você e que permaneçam mesmo quando há mudança de liderança.

Há vários modelos de gestão que podem ser aplicados de forma a garantir uma sistemática de trabalho que, mesmo na ausência do líder, garantem a execução das atividades e compromissos.

Um modelo muito forte e que é rigorosamente utilizado por algumas empresas em seus modelos da **gestão do foco** é a metodologia das Quatro Disciplinas da Execução, elaborada pela FranklinCovey.

O sistema chamado de 4Dx é cientificamente comprovado e traz resultados de excelência quando o assunto é *alinhar sistemas*. Para que essa sistemática funcione bem, toda a estrutura envolvida precisa estar comprometida e engajada em "querer fazer", pois a própria metodologia, quando bem aplicada, irá forçar as pessoas a fazer parte dos processos-chave e crucialmente importantes da empresa.

Libere talentos: desenvolva uma equipe de sucesso, na qual o talento único de seus componentes influencie o resultado de suas performances, superando expectativas e encorajando a responsabilidade e o crescimento.

Dessa forma, a equipe se sentirá em um ambiente de liderança liberal e tomará decisões visando sempre resultados extraordinários, respeitando os valores da empresa de forma pactuada e assumindo a responsabilidade que todos os líderes tanto buscam em suas equipes.

Obter a compreensão de um paradigma completo de quem somos nos leva a um nível superior. A realidade fundamental é que os seres humanos não são coisas que precisam ser motivadas e controladas. Como já abordamos em outros capítulos, são seres com quatro dimensões – **corpo, mente, coração e espírito** –, as quais representam as quatro necessidades e motivações básicas de todas as pessoas: viver (sobrevivência), amar (relacionamentos), aprender (crescimento e desenvolvimento) e deixar um legado (significado e contribuição).

Liderar de forma a alinhar o planejamento e a execução em busca de resultados superiores é o que todos os líderes de alto desempenho buscam diariamente. Planejar bem e executar com maestria. E, para isso, é praticamente mandatório a liderança estar atenta às necessidades da equipe e antenada às movimentações de mercado de forma a influenciar as mudanças ou rapidamente adaptar-se a elas.

> "A maior habilidade de um líder é desenvolver habilidades extraordinárias em pessoas comuns."
> (Abraham Lincoln)

25
Gerenciar os impulsos essenciais

Conhecer e gerenciar os quatro impulsos essenciais

Para atingir uma liderança de alto desempenho e implementar um forte modelo de gestão, com foco no cliente interno e no cliente externo, é fundamental desenvolver um entendimento claro do que as pessoas querem.

Fazer a leitura do cenário, entendendo os *impulsos essenciais* que levam as pessoas a tomar decisões e assumir compromissos é crucial para uma liderança de influência positiva, baseada em uma entrega de valor alinhada com as expectativas dos envolvidos.

De acordo com uma pesquisa de dois professores da Harvard Business School, todas as pessoas possuem **quatro impulsos essenciais** que exercem influência direta na tomada de decisões, sendo eles:

1. O impulso de adquirir: Refere-se ao desejo de acumular objetos físicos ou de acumular riqueza, ter *status*, aumentar a zona de poder e de influência. Alguns líderes usam esses impulsos sugerindo que sejamos mais ricos, mais poderosos, mais influentes e com maior e melhor *status* perante a sociedade.

2. O impulso de formar vínculos: Refere-se ao desejo de sentir-se valorizado, reconhecido e até mesmo amado, formando relacionamentos, sendo estes platônicos, românticos, de amizade ou até mesmo de interesses e bem explícitos. Normalmente, esse impulso é característico de líderes e profissionais de segmentos de prestação de serviços, vendas, compras e áreas afins, nos quais a rede de relacionamentos é a chave para o sucesso.

3. O impulso de aprender: Refere-se ao desejo de satisfazer a nossa curiosidade. Programas de liderança em grandes empresas destacam-se pela prática de captar talentos e por disponibilizar programas internos de aprendizagem, incentivo à leitura, treinamentos externos, etc. Os bons líderes continuam aprendendo todos os dias e em todas as situações, além de notar e incentivar aqueles que apresentam o impulso de aprender de forma mais aflorada. Temos que ter a mente de um eterno estudante, aprendendo sempre e com todos.

4. O impulso de defender: Refere-se ao desejo de nos proteger, ou de proteger nossos familiares e amigos, além de defender os bens materiais adquiridos e acumulados, frutos de muita dedicação e trabalho. Muitos líderes conhecem muito bem esse impulso, pois todos nós temos o impulso de defesa, em níveis menores ou maiores, variando em cada pessoa, mas seguramente todo ser humano tem esse impulso, o que, nesse caso específico, pode ser colocado como um instinto.

Líderes de alto desempenho, associados a uma liderança moderna, conhecem bem cada membro do seu time, e assim podem selecionar características importantes que representem um ganho no impulso de defesa para cada liderado. Por exemplo, cobrar a equipe por resultados, e não por horário de entrada ou saída, gerando flexibilidade e integração dos afazeres pessoais e profissionais dos colaboradores, sem dúvida, é uma ação que traz segurança.

> Afinal, Deus não nos deu uma vida profissional e uma vida pessoal. Recebemos Dele apenas uma vida, e cabe a cada um de nós equilibrar as atividades pessoais e profissionais de forma que possamos viver em harmonia.

Destaco que o interesse dessa resenha não é julgar nenhum tipo de impulso ou de liderança, mas sim trazer ao conhecimento dos leitores novas formas de jogar o jogo, formas estas que outros líderes já estão jogando diariamente.

Sempre que um time apresentar uma necessidade não satisfeita em uma ou mais dessas áreas, seguramente o time não estará completo em sua essência e dificilmente estará engajado em conquistar resultados de excelência.

No geral, toda liderança de sucesso trabalha alguma combinação de fatores como aprendizagem, reconhecimento, geração de valor, acúmulo de ativos, transparência e clareza, poder, proteção, participação, envolvimento, parcerias e motivação.

Quanto mais claramente você articular a forma como sua liderança satisfaz um ou mais desses impulsos em seu time, mais atraente será seu modelo de gestão.

> "Compreender as necessidades humanas é meio caminho andado para satisfazê-las."
> (Adlai Stevenson)

26
Reforçar os conceitos da missão

*O alinhamento com a declaração da missão
deve ser um exercício contínuo*

Muitos líderes aproveitam a oportunidade de revisitar o planejamento operacional, os objetivos das unidades de negócios e de suas respectivas disciplinas, assim como os principais indicadores que ajudam no direcionamento da gestão, sempre com foco no ajuste de rota, visando garantir que estão no caminho certo.

Durante esse ciclo assertivo de renovação e atualização, é muito importante que a liderança reforce em seu mapa mental e com as equipes os conceitos da *missão da organização.*

Todo processo de remodelagem de estratégias e novos objetivos é extremamente válido, porém, é de extrema importância que esse processo esteja totalmente alinhado com o propósito principal das empresas, que é a missão declarada no Planejamento Estratégico.

> As empresas ou unidades de negócios precisam manter o foco em uma boa conexão do planejamento operacional e de seus consecutivos objetivos com o Planejamento Estratégico Global.

Os líderes que conseguirem ter esse momento de grandeza durante as discussões de renovação e atualização do planejamento operacional estarão no caminho certo para iniciar novos ciclos fazendo uma gestão de alto desempenho.

As empresas que conseguirem mapear as oportunidades e que estiverem preparadas para aproveitar as novas demandas com o planejamento operacional renovado e alinhado com o planejamento estratégico, seguramente estarão dois passos à frente da concorrência em termos de organização, confiabilidade do cliente, tempo de resposta e, principalmente, estarão alinhadas ao seu propósito.

Vale reforçar que a liderança da empresa não é formada por CNPJs, essa liderança é formada por CPFs, ou seja, **é formada por pessoas**. Essas pessoas são líderes por competência e por senso de apropriação.

Portanto, não podemos terceirizar as dificuldades que estão nas mãos das pessoas, repassando-as para as influências externas, ou para a cultura da empresa, ou para o governo, ou para o colega de trabalho. Líderes de alto desempenho trabalham com o senso de propriedade, senso de dono do negócio, sempre buscando entregar excelência e vendo oportunidades onde os demais conseguem enxergar somente dificuldades.

Se há dúvidas sobre o propósito, a recomendação é reforçar os conceitos da missão, mesmo que seja necessário fazer isso várias vezes ao início de cada ciclo.

27
Cultura organizacional frente às mudanças

Como a cultura organizacional influencia as mudanças e vice-versa?

A cultura organizacional, assim como a gestão organizacional, é um movimento dinâmico e modifica-se com o tempo, já que também sofre influências do ambiente externo e das mudanças na sociedade. Entretanto, a cultura de uma instituição também pode influenciar essa mesma sociedade e gerar mudanças significativas, sejam elas locais ou globais.

A formação da cultura organizacional reúne diversos elementos, tais como processos administrativos, filosofia, princípios e valores, além do capital humano, sendo este último fortemente trabalhado por algumas organizações dentro de seu planejamento estratégico e nas bases dos princípios e valores.

Cada pessoa tem uma forma de pensar, com princípios e crenças diferentes. A junção dessas pessoas dentro de uma mesma organização leva a uma formatação e conciliação de todos esses pensamentos diferentes, formando uma só cultura para todos terem um caminho em comum a seguir.

A cultura organizacional dominante tem uma visão macro da organização e trata apenas dos valores centrais. Na formação da cultura, há também uma forte influência dos fundadores da instituição, que estabeleceram diretrizes culturais e são vistos com respeito ou até adorados por grande parte dos colaboradores, pois eles acabam personificando a missão empresarial.

Portanto, uma forte cultura organizacional deixa explícitas sua visão, sua missão e seus valores, direcionando as pessoas sobre o que fazer, como fazer e quais competências comportamentais são valorizadas pela instituição.

Além dessa cultura principal, existem também as subculturas, que podem estar ou não relacionadas entre si, ou que, ao contrário, podem até concorrer umas com as outras; elas podem ser geográficas ou departamentais.

Os valores centrais da cultura dominante estão presentes nessas subculturas, porém, são incluídos valores adicionais e particulares de alguns grupos, equipes ou departamentos, podendo ser até mesmo adaptados para cada país, no caso de instituições multinacionais. Por exemplo, as regras de jornada de trabalho aplicadas no Brasil diferem das regras de jornada de trabalho aplicadas na China.

A contracultura também existe nas organizações. Trata-se de um movimento reacionário por parte de um grupo que quer reagir contra os valores tradicionais com os quais estão insatisfeitos, em busca de mudanças e inovações na cultura atual, ou de um grupo de líderes que através de uma visão de negócios de longo prazo percebe a necessidade de adaptar os parâmetros da cultura operacional para que possam acompanhar a grande e acelerada movimentação de mercado nos processos de comunicação, inovação, tecnologia, etc.

> As organizações que não permitirem adaptações em seus modelos culturais não irão acompanhar as mudanças mercadológicas já presentes em nosso dia a dia.

Nessa mesma linha de pensamento, uma forte cultura organizacional pode causar grandes mudanças em uma sociedade, fazendo com que os indivíduos tenham seus hábitos transformados pela missão e pelos valores dessas organizações. Um exemplo para ilustrar esse cenário é quando uma empresa multinacional de grande porte, com metodologia de trabalho LEAN – manufatura enxuta, se instala em uma cidade onde o modelo de geração de empregos está atrelado à zona rural.

A influência aplicada primeiramente aos funcionários rapidamente se expande para a sociedade, que, de alguma forma, é transformada e passa a ter novos hábitos aplicados à cultura local.

Portanto, a cultura organizacional é – e precisa ser – influenciada pelas mudanças, para que essa cultura possa se manter viva e próspera. As mudanças, por sua vez, são diretamente influenciadas pela cultura organizacional, e, assim, o processo de evolução das organizações, dos indivíduos, dos processos, dos produtos, e a visão de futuro estarão sempre alinhados e atualizados, gerando um ciclo não vicioso, mas necessário, para que possamos de alguma forma acompanhar as novidades e demandas da 4ª Revolução Industrial.

28
Engajamento corporativo

Oportunidade e desafio

A liderança atual enfrenta um interessante desafio de integrar diferentes gerações de um mesmo grupo de trabalho, onde cada membro da equipe apresenta competências e necessidades distintas, com propósitos claros e bem definidos, garantindo que todos estão depositando seus esforços em um contexto em que cada contribuição individual é reconhecidamente essencial para o sucesso da equipe.

Nesse contexto, vemos a necessidade de profissionais altamente **engajados**, que respeitem e apliquem os valores da empresa e tenham como foco a busca contínua por soluções inovadoras em vez de equivocadamente manterem o foco no problema.

Considerando esse contexto, no qual o engajamento é reconhecidamente uma característica profissional que gera diferenciação em resultados, os líderes devem considerar o engajamento dos membros de seu time como um **desafio complexo** ou como uma **boa oportunidade**?

A palavra "engajamento" é traduzida do inglês e tem como um de seus significados o termo "compromisso", que, em sua essência, é utilizado para declarar a intenção de compromisso em um relacionamento.

Manter nossos times engajados 100% do tempo em todas as atividades e projetos é realmente um desafio para a liderança, pois o que engaja um membro do time em um determinado ambiente de trabalho ou projeto não necessariamente engaja o outro. Porém, também podemos considerar o engajamento como uma ótima oportunidade de desenvolvimento de talentos e equipes de alto desempenho, assim como um diferencial competitivo na retenção de talentos e geração de resultados.

Vários especialistas em liderança corporativa desenvolveram abordagens sobre como exercitar o engajamento, e podemos perceber uma convergência entre elas. Porém, mesmo com variadas possibilidades de aplicação, ainda há líderes com dificuldades em engajar seus liderados e suas equipes. **Será que a maior contribuição deve partir do líder ou do liderado?**

Gosto muito de uma abordagem que utilizamos em nossos projetos, e que já mencionamos nesta obra, que é *"Sem participação e envolvimento não há engajamento"*. Esta frase pode gerar a interpretação de que a maior contribuição para o engajamento é somente do liderado ou da equipe. Mas, como participar e envolver-se se a empresa ou a liderança não cria um ambiente saudável, onde as pessoas possam sentir-se verdadeiramente parte do processo, envolvidas na esfera da pessoa integral – corpo, mente, coração e espírito?

Existe uma metodologia integrada e muito interessante que é aplicada por **líderes de alto desempenho**. Essa técnica apresenta uma sistemática simples e que não é uma verdade absoluta, mas que cria um ambiente de trabalho onde os talentos naturalmente desenvolvem o **engajamento** e, consequentemente, contaminam positivamente os demais que passam a ver os ganhos desse processo.

Aproveito essa resenha para propor mais um novo método, que podemos chamar aqui de FAF – *Feedback, Accountability* e *Follow-up*.

Feedback – É muito importante que a liderança tenha em sua essência a prática do *feedback* e dedique um tempo para esse exercício. O tempo dedicado a essa prática é tempo investido e não tempo gasto.

Follow-up – Acompanhar as atividades do time ou dos liderados faz com que a liderança tenha pleno conhecimento de que os recursos mínimos necessários estão dispostos e se há necessidade de correção de rota no meio dos processos. Todos precisam de um caminho bem definido para poder gerenciar o fluxo e as prioridades.

Accountability – Uma vez que uma atividade ou um projeto são confiados à equipe, deve ser aplicado um dos imperativos fundamentais da liderança de alto desempenho – **inspire confiança** – para que se tenha a certeza que os acordos e os resultados previamente estabelecidos serão entregues.

Cuidado para não confundir o FAF com o modelo de mando-e-controle. Lembre-se que no FAF há um quesito de confiança, que é o *accountability* da equipe.

Crie um ambiente de trabalho com o FAF de forma que o engajamento corporativo traga benefícios para toda a estrutura. A recompensa será surpreendente.

29
Discussões de liderança e gestão através do clube de leitura

Melhore seu repertório e o repertório do seu time
através de boas leituras

Liderança e gestão são temas amplamente discutidos dentro e fora das grandes organizações.

Há muito conteúdo sobre tipos de liderança, modelos de gestão, ferramentas que profissionalizam as análises direcionando o foco para resultados financeiros e operacionais, assim como também há vários conteúdos que focam na capacitação dos talentos internos, sempre buscando um bom entendimento da cultura organizacional de cada empresa, alinhando os valores do indivíduo aos valores da organização.

Com tanta informação disponível sobre o tema, como associar quais são as melhores práticas conhecidas de liderança e gestão, considerando nossa atual posição e o momento que cada organização está passando frente ao cenário de constantes mudanças?

Clube de leitura

Uma experiência muito interessante e que tem apresentado bons resultados em nossa filosofia de gestão pode ser creditada ao *clube de leitura*, que, de forma criativa, foi nomeada pelos nossos colaboradores como "**Lendo o futuro**".

O evento **Lendo o futuro** está despertando interesse em um público cada vez maior, e a cada rodada do evento percebemos que os profissionais que participam trazem uma abordagem cada vez mais madura e crítica sobre os temas de liderança e gestão.

Ler e discutir sobre liderança e gestão já é um símbolo de participação, desenvolvimento e engajamento, e é uma atividade muito valorizada por quem participa.

O evento é muito interessante e muito simples de ser aplicado em qualquer empresa, seja ela de grande ou pequeno porte.

Como funciona o clube de leitura (Lendo o futuro)? O exemplo a seguir foi implementado com sucesso em nossas unidades da América do Sul. Outras empresas que tiveram acesso ao programa e aos resultados dessa iniciativa já o copiaram com orgulho e estão colhendo bons frutos.

Inicialmente, reunimos um público de mais ou menos vinte pessoas em uma reunião na qual discutimos os temas de oportunidades de desenvolvimento de nossa liderança e ferramentas que fortalecem nosso modelo de gestão.

Na primeira reunião, presenteamos cada participante com um livro que trate dos temas sugeridos – no caso, liderança e gestão. Nesse momento, são oferecidos vários livros, de diferentes abordagens e diferentes autores, sendo solicitado que cada um leia um livro, respeitando seu próprio tempo e hábito de leitura, pois nem todos estão acostumados a ler e muitos são realmente surpreendidos por essa abordagem inovadora.

Após um intervalo definido pelos participantes, outro encontro é realizado, no qual a proposta é fazer uma resenha do conteúdo de cada livro, podendo ser comentado o que foi aprendido com o conteúdo lido, o que pode ser aplicado cotidianamente, ou, ainda, comentar o que não gostou no livro e acredita que não deve ser aplicado com os times e dentro da empresa.

Após os comentários sobre o livro lido, esse participante oferece o livro para um outro participante do evento, como se fosse uma rodada de amigo secreto. Dessa forma, todos terão a chance de ler vários livros sobre liderança e gestão, fazendo sua crítica, tendo colegas dentro da empresa que já leram também, e aumentando o repertório individual. Esse ciclo cria uma massa crítica coletiva sobre o tema, gerando um ambiente engajador de multiplicação de conhecimento, direcionado por um ambiente de discussão aberta onde todos podem expressar de forma honesta sua visão sobre cada tema discutido.

A cada rodada do clube do livro, percebe-se que os *feedbacks* apresentados são cada vez mais coerentes, mais maduros e com grande retorno em aplicabilidade e geração de resultados.

> A empresa disponibiliza a oportunidade para realizar o evento **Lendo o futuro**, e os colaboradores contribuem com um grande retorno desse investimento, apresentando crescimento profissional, análise crítica, mais repertório durante as reuniões e, consequentemente, um ambiente de trabalho mais amigável e profissional, com novos *mindsets*.

Faça o teste e, se conseguir incluir essa atividade em seu modelo de gestão, tenha certeza que os ganhos serão exponenciais.

PARTE V: NEGOCIAÇÃO

Ferramentas e metodologias são sempre bem-vindas

Em todo processo de negociação o fator "preparação" é fundamental para o sucesso. Conhecer bem seu mercado, seus produtos, seus clientes e suas reais necessidades e alternativas é de suma importância, e nenhum ponto deve ser negligenciado. Dessa forma, você terá condições de exercitar um ZOPA (Zona de Possível Acordo).

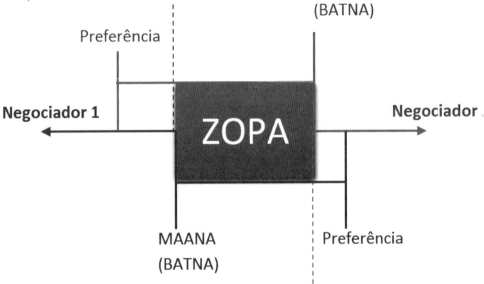

Mapa: Zona de possível acordo

Conhecer o MAANA (Melhor Alternativa À Negociação de um Acordo) faz parte do preparo de todas as negociações. O objetivo é se proteger contra a aceitação de um acordo desalinhado com os seus objetivos, interesses e possibilidades.

Saber o que fazer se o acordo não for possível traz uma válvula de escape e cria algumas alternativas, mesmo que seja um simples fracasso na negociação.

Quando você estiver em uma posição de negociação, deve não apenas conhecer o seu MAANA como também tentar descobrir o MAANA da outra parte, embora isso nem sempre seja fácil e possível.

Toda negociação, mesmo que seja amigável, traz em seu plano de fundo um conflito de interesses, em que o subconsciente do negociador direciona seu mapa mental para um processo ganha-perde ao invés do ganha-ganha. Dentro desse processo, é interessante conhecer quais são as alternativas de resolução de conflitos utilizadas pelos grandes negociadores.

Além do ZOPA e do BATNA, também é recomendado uma leitura geral do cenário para entender qual ADR é mais recomendada para cada caso. ADR é um acrônimo em inglês para *Alternative Dispute Resolution*.

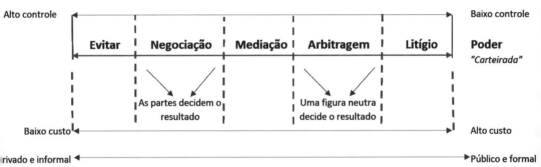

30
Venda baseada em valores

Como sustentar o valor de uma venda?

A **venda baseada em valor** é o processo de identificar e reforçar as razões pelas quais a sua oferta é mais valiosa para o comprador quando comparada às ofertas da concorrência. O método de *comparação de valor* costuma ser a melhor maneira de justificar um preço mais elevado ou mais atrativo para a sua oferta.

A venda baseada em valor é a forma de "como" esse preço é sustentado. Ao identificar e reforçar a razão pela qual uma transação será valiosa para o cliente, você aumenta as chances de fechar uma transação e eleva o preço que o comprador está disposto a pagar.

A essência da venda baseada em valor não é falar, mas sim ouvir. Quando a maioria das pessoas pensam em vendas, elas imaginam que estão sendo ludibriadas por um profissional preparado para fazer a propaganda de algo que vale muito menos do que está sendo ofertado, onde o objetivo principal é fechar o negócio potencializando margens de lucro.

Na indústria, mercados B2B e B2C em geral, imitar um vendedor charlatão de carros usados é a maneira mais rápida de destruir a **confiança** depositada em você e dar a seus potenciais clientes a impressão de que você se importa mais com os seus lucros do que com o que eles realmente desejam.

139

Os melhores vendedores são aqueles capazes de ouvir com atenção o que o cliente realmente quer, alinhando expectativas de recebimento de valor com potencial de entrega do mesmo.

Fazer boas perguntas é a melhor maneira de descobrir o quanto sua oferta é valorizada pelo seu potencial cliente.

> "O preço é o que você paga. Valor é o que você recebe." (Warren Buffett)

No livro *Alcançando a excelência em vendas*, Neil Rackham descreve, da seguinte forma, as quatro fases de uma venda de sucesso:

1. Entender a situação;
2. Definir o problema;
3. Esclarecer as implicações de curto e longo prazo do problema; e
4. Quantificar a necessidade de ganhos, benefícios financeiros e benefícios emocionais que o cliente receberia ao ter seu problema resolvido.

Em vez de tentar forçar uma venda prematura e padronizada, bons vendedores se concentram em fazer perguntas detalhadas para chegar à raiz do que o potencial cliente realmente quer. Ao incentivá-lo a lhe contar mais sobre o que precisa, você obtém dois grandes benefícios diretos.

Em primeiro lugar, o potencial cliente fica mais confiante de que você de fato compreende a situação e sabe exatamente o que ele deseja receber, aumentando a confiança dele na sua capacidade de entregar uma solução customizada, e não uma solução padronizada de "prateleira".

Em segundo, você descobrirá informações que o ajudarão a enfatizar o valor da sua oferta, o que o auxilia na estruturação do preço da sua oferta em relação ao valor proporcionado.

Seu cliente é único e precisa sentir-se exclusivo na geração de valor como usuário, e não necessariamente no produto ofertado.

"**Valor**" é menos uma questão de coisa em si, e mais uma questão do que ela possibilita em termos de solução ou diferenciação.

O ponto-chave desse processo é a competência para fazer a leitura do cenário, descobrindo *por que*, *como* e *quando* a sua oferta beneficiará o seu cliente. Assim sendo, sua oferta terá melhor aceitação e será melhor valorizada pelo cliente.

Conhecer o valor que você pode ofertar e adequá-lo à expectativa do seu cliente será o caminho-chave para uma relação de vendas lucrativa e duradoura, rompendo as barreiras do obsoleto modelo cliente-fornecedor e atuando no modelo de parcerias sólidas.

31
Alternativas de resolução de conflito

Faça a leitura das situações

Todos os líderes, sem exceção, enfrentam demandas diárias de gestão de conflitos. Algumas situações são mais simples e de fácil decisão, porém, há situações em que as alternativas de resolução de conflitos não são bem-sucedidas, e há a necessidade de apelar para a alternativa do litígio, que, por sua vez, também é uma alternativa de resolução de conflitos.

Um conflito, por definição simples, surge quando há a necessidade de escolha entre algumas situações que podem ser consideradas incompatíveis, assim como também há muitos casos de conflitos instalados pela simples falta de comunicação, na qual as partes envolvidas disputam algo de interesse e ganhos para ambas, mas o entendimento sobre a necessidade da outra parte envolvida na discussão não está bem definido ou claro.

Dentro da comunidade corporativa temos várias situações de conflitos que demandam atenção diária dos líderes em todos os níveis hierárquicos imagináveis, desde os líderes operacionais até os maiores líderes executivos. O ponto-chave desse processo é fazer uma boa leitura do cenário do conflito instalado, escolhendo a melhor alternativa de resolução do conflito para cada situação.

Considerando as relações corporativas, as alternativas de resolução de conflitos mais utilizadas são: evitar, negociação, mediar e poder.

143

A alternativa "**evitar**" é recomendada quando uma das partes envolvidas consegue ter a percepção que as perdas e custos de dar continuidade em um cenário de resolução de conflito será maior do que o ganho da própria causa. Muitas vezes, vale a pena evitar pequenos conflitos de perdas e ganhos irrelevantes para focar no que realmente agrega valor para o negócio.

A alternativa "**negociação**" é a mais usada e a mais recomendada para a resolução de conflitos, pois, em uma negociação, as partes envolvidas têm a possibilidade de chegar a uma conclusão de processo ganha-ganha dentro de uma zona de interesses do ZOPA – Zona de Possível Acordo.

Cada parte envolvida, sabendo da sua necessidade, pode conduzir a negociação de forma que a flutuação do ponto de discussão fique dentro da sua zona de interesse.

A alternativa "**mediação**" é solicitada quando as partes envolvidas em um conflito realmente não conseguem avançar para uma situação de comum acordo, e uma terceira parte é envolvida para mediar as necessidades e interesses das partes já presentes. Normalmente, o mediador é eleito em comum acordo pelas partes envolvidas, sendo que o mesmo fará a leitura do cenário do conflito instalado e, sabendo das dificuldades e dos interesses de cada um dos lados, pode propor situações nas quais o desfecho do conflito seja um acordo ganha-ganha.

A alternativa "**poder**" ainda é muito utilizada no meio corporativo, tanto em ambientes internos como em negociações com fornecedores. A alternativa de resolução de conflitos classificada pelo "poder" é popularmente conhecida como "dar uma carteirada". Infelizmente, ainda há chefes que utilizam o modelo mando-e-controle e negligenciam a extraordinária jornada da liderança.

Ainda há outros tipos de técnicas de resolução de conflitos, e uma muito legal de ser usada como exemplo fora do ambiente corporativo é a "arbitragem". Você consegue imaginar um jogo de futebol sem um árbitro para conduzir a partida, deixando que os próprios jogadores negociem se uma jogada foi ou não um pênalti? É quase impossível imaginar algo assim. Na comunidade corporativa, algumas vezes, os casos de resolução de conflito também demandam uma arbitragem e até mesmo o litígio.

Para os líderes de alto desempenho deixamos a recomendação de exercitar cada vez mais as técnicas de negociação e mediação, para dar o suporte necessário às equipes de trabalho e conquistar os resultados desejados, visando sempre a sustentabilidade do negócio, com decisões coerentes, para que, assim, todas as partes envolvidas em um conflito tenham de forma clara e bem definida as perdas e os ganhos do processo.

Alternativas de resolução de conflitos
(ADR – *Alternative Dispute Resolution*)

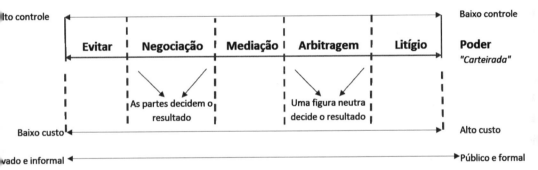

32
Negociação

Técnicas de negociação

A negociação é um processo observado quando há um conflito instalado e as partes envolvidas precisam chegar a um consenso, de modo que ambas as partes saiam satisfeitas mediante uma proposta.

As negociações sempre estiveram presentes nas relações humanas. Antes mesmo da existência das negociações financeiras, já praticávamos o exercício da barganha de produtos e alimentos, negociando a valorização ou desvalorização do bem envolvido para conquistar o maior ganho possível.

O nosso dia se inicia e finaliza com negociação. Desde quando acordamos, negociamos com o cansaço e com a vontade de ficar um pouco mais no aconchego da cama, até o fim do dia, quando chega novamente o momento de repousar e negociamos com as atividades que podem ficar para o dia seguinte, fechando, assim, nosso ciclo do dia.

Apesar de negociar o dia inteiro e todos os dias, essa atividade não é uma prática fácil, e as estratégias normalmente usadas podem ser exaustivas, não empáticas e nada eficientes.

Três fatores são primordiais para que uma negociação seja bem--sucedida:

1. **Planejamento**;
2. **Informação**;
3. **Gestão de relacionamento**.

A gestão de relacionamento muitas vezes é negligenciada no processo de negociação, porém, em uma negociação, a outra parte interessada se apresenta com fatos e informações que muitas vezes conflitam com a nossa percepção.

Precisamos explorar o interesse das partes, criar alternativas de valor para elas, expondo um padrão de conduta que seja justo para ambas. Ou seja, as regras do jogo estão claras para todos os lados.

As negociações podem ser observadas pela lei do ganha-ganha, onde independentemente dos ganhos de cada uma das partes, ambas saem do processo de negociação satisfeitas.

Mas há um outro lado do processo que traz uma leitura de *ganha-perde*. Ou seja, para alguém ganhar, alguém tem que perder. Essa perspectiva está mais direcionada ao cenário de competição do que a uma negociação propriamente dita.

A maestria da negociação é fazer a leitura do cenário conectando necessidades e interesses da outra parte envolvida, avaliar as possibilidades, propor alternativas e concessões e, por fim, sair da negociação com a sua parcela de ganho do processo.

O bom negociador sempre planeja bem, explora diversas opções, cria alternativas de concessões, questiona se a outra parte está valorizando demais a proposta e sempre tem alternativas visando o fechamento da negociação.

Uma técnica de negociação muito utilizada por grandes negociadores, e que já vimos nos capítulos anteriores, é o ZOPA – Zona de Possível Acordo. Ela pode ser usada até de forma gráfica para planejar sua negociação.

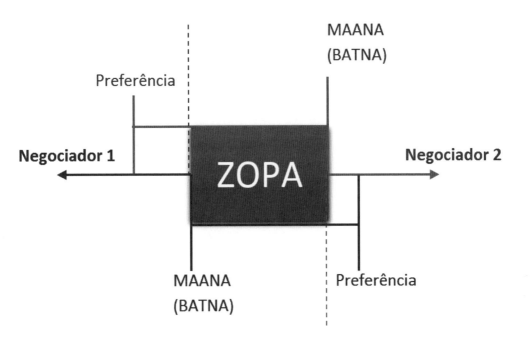

Negociar bem é um hábito que envolve treinamento de conceitos e exercícios práticos.

O processo de negociação pode ser angustiante para quem não conhece as técnicas, mas é extremamente envolvente para negociadores bem planejados e altamente focados em fechar negócios.

33
Entrega de valor sem custo adicional ao seu cliente

Conquiste seu cliente

Uma forma de conquistar rapidamente a atenção de seus clientes é oferecer algo de valor com a palavra mágica "sem custo". O ser humano é fascinado pela possibilidade de ganhar algo sem a necessidade de pagar por ele.

Provavelmente, você já experimentou algo desse gênero. Uma amostra grátis de perfume, um pedaço de bolo ou torta em um *shopping* sem a necessidade de pagar por ela ou até mesmo o uso de um produto por tempo determinado para fazer um *test drive*: há grandes chances de que pelo menos uma dessas gratuidades tenha feito você pensar no produto ou serviço experimentado sem custo, o que levou-o à primeira compra, e, posteriormente, a comprar mais.

A oferta de produtos ou serviços sem custos adicionais ainda é muito praticada pois funciona, o valor não repassado no ato presente será subsidiado por vendas futuras realizadas em função da demanda.

O cuidado com essa técnica deve ser tomado por ambos os lados, tanto por quem oferece valor agregado sem custo adicional quanto por quem recebe o produto ou serviço.

Quem oferece valor agregado precisa fazer uma boa leitura dos potenciais clientes e das possíveis oportunidades de venda futura baseada em demanda real. Caso contrário, estará injetando capital e energia para conquistar clientes com produtos e serviços sem custos, e suas saídas imediatas serão maiores do que as entradas futuras; dessa forma, a conta não fecha.

Já quem recebe o produto ou serviço "grátis" precisa avaliar muito bem os interesses envolvidos e se o valor agregado sem custo em um universo imediatista não lhe custará desembolsos maiores no futuro, afinal, vale a máxima de que "não há almoço grátis".

Porém, muitas vezes, oferecer um autêntico valor sem custos representa uma maneira rápida e eficaz de chamar a atenção de seus parceiros atuais ou de seus potenciais clientes.

Ao oferecer algo que efetivamente agrega valor ao seu cliente sem custos imediatos, dará a ele a chance de provar o verdadeiro valor de seu produto ou serviço, gerando boas oportunidades reais de venda futura, caso a experiência vivenciada seja de alguma forma percebida pelo cliente como valorosa.

Dar gratuitamente um produto ou serviço de valor agregado realmente chama muito a atenção, e é uma forma efetiva de venda de médio prazo. Porém, é fato que somente a atenção dos seus clientes não pagará as suas contas. Essa técnica deve estar associada a formas efetivas de abordagem de negociação que busquem a geração de valor com lucro real.

Ofertar valor agregado sem custos mantém as portas abertas, e é muito válido para atrair clientes pagantes, mas se essa prática não resultar em vendas reais no futuro, o seu negócio não terá como se manter saudável financeiramente.

A "sacada" dessa resenha está na concentração da oferta sem custos de algo que agregue valor real ao seu cliente, e que esse valor seja percebido pelos clientes potenciais, mas que esteja alinhado com uma leitura de cenário efetiva para atrair clientes pagantes.

34
Negociações efetivas entre diferentes culturas

Entenda e respeite as diferenças culturais

Para uma negociação ser efetiva, há algumas ferramentas e metodologias que podem ajudar na preparação da negociação. Porém, um ponto de extrema importância é conhecer um pouco da cultura e dos valores das partes envolvidas na negociação.

É fortemente recomendado conhecer e respeitar algumas características-chave que definem as bases culturais de cada empresa.

Uma empresa de origem americana, onde a cultura de vendas é "*Vá com Deus, mas volte com o dinheiro*" precisa se adaptar em um processo de negociação com empresas japonesas, que, por sua vez, valorizam muito a satisfação do cliente, mesmo que para isso suas margens de lucro sejam drasticamente afetadas.

Uma boa e efetiva negociação sempre foi, ainda é, e acredito que sempre será fundada nas bases da CONFIANÇA, em que dois pilares precisam ser entendidos e principalmente praticados:

1. **Caráter:** integridade e intenção;
2. **Conhecimento:** capacidade e histórico de bons resultados.

> Em um mundo VUCA[1] de negócios, gerar confiança em suas negociações é fundamental, não opcional.

Procure explorar a cultura e os valores de seus clientes atuais e de seus potenciais clientes, respeite a forma de negociação que essas culturas prezam para criar e fortalecer a confiança, criando sinergia, e, consequentemente, terá sucesso em seus processos de negociação.

Identifique o modelo de negociação da cultura de seus clientes para estudá-la, estude esse modelo cultural de negociação para entendê-lo, e entenda esse modelo para que tenha sucesso na negociação.

---

1 **VUCA** – acrônimo inglês que significa:
Volatilidade;
Incerteza (*Uncertainty*);
Complexidade;
Ambiguidade.

35
Ciclo de confiança e qualidade nos negócios

Conquistar a confiança dos clientes não é tarefa fácil

Precisamos trabalhar de forma estruturada para que possamos celebrar mais do que o sucesso de uma venda. Precisamos criar um ciclo de confiança para que esse mesmo cliente volte para fazer mais e novos negócios, passando da antiquada e árdua relação perde-ganha de cliente/fornecedor para uma relação ganha-ganha através de parcerias sustentáveis.

E como já abordado em capítulos anteriores:
"O melhor cartão de visita sempre será o serviço bem feito".

A **confiança** é construída em duas frentes básicas, nas quais o **conhecimento** e o **caráter** são as bases.

Na avaliação das competências, a **habilidade** e o histórico de bons **resultados** são aparentes, e, na maioria das vezes, as empresas contratam pessoas e fecham negócios somente com o que se observa na esfera do conhecimento.

Já o caráter tem um peso mágico na sustentabilidade da confiança, onde precisamos exercitar os pilares de **intenção** e **integridade** através de um processo transparente de comunicação, que seja percebido na gestão de relacionamento.

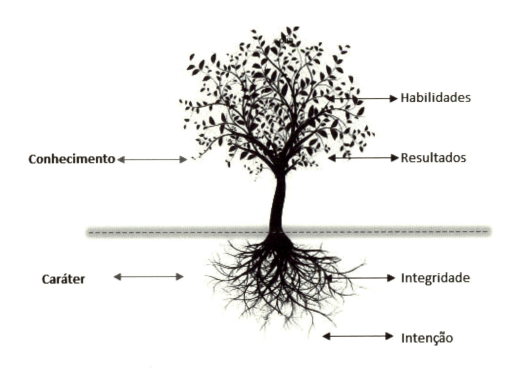

Crédito: FranklinCovey

O cerne da credibilidade está diretamente associado ao ciclo da qualidade dos negócios.

Vamos propor aqui nesta resenha mais um modelo para pensar, o *"ciclo de confiança e qualidade nos negócios"*.

No ciclo de confiança e qualidade dos negócios temos quatro conceitos sequenciais para fechar o fluxo da criação, entrega e captura de valor nos negócios, de forma que a gestão de relacionamento seja sustentada nos pilares de caráter e conhecimento nas esferas da confiança sensata, e não na confiança cega!

CICLO DE CONFIANÇA E QUALIDADE NOS NEGÓCIOS

Ciclo proposto por *Resenhas de liderança*

O primeiro bloco estruturado é a **qualidade ofertada**, onde *você* declara sua intenção e inicia o processo de criação de valor.

O segundo bloco é a **qualidade esperada**, onde o *cliente* cria a expectativa de receber valor através da compra ou contratação de capacidades e habilidades.

O terceiro bloco é a **qualidade entregue**, onde *você* entrega o valor ofertado no primeiro bloco, demostrando integridade e compromisso com a qualidade da gestão do negócio.

E, por fim, o quarto bloco é a **qualidade percebida** pelo seu *cliente*, onde os resultados são medidos e a qualidade negociada nos três primeiros blocos é calibrada.

Quando o **ciclo de confiança e qualidade nos negócios** fechar com alinhamento pleno, o seu cartão de visita estará entregue com excelência, criando confiança e sustentabilidade nos negócios de forma simples, em um ambiente muitas vezes complexo.

PARTE VI: EXECUÇÃO

Execução é a arte de realizar ações fechando as lacunas entre o resultado prometido ou acordado *versus* o resultado real alcançado. Práticas de excelência operacional voltadas para a execução, tais como unir pessoas (equipe), estratégia (o que fazer) e operações (como fazer), são os processos-chave para todos os negócios.

Liderar esses processos é o verdadeiro trabalho de um líder de alto desempenho.

A liderança não pode estar focada somente em formular uma "visão" para a equipe, o líder também precisa encontrar os meios de realizar essa visão com um bom plano de execução.

PLANEJAMENTO
- Planeja detalhadamente "o que fazer"

FOCO
- Poucas metas direcionadas ao que é crucial para o negócio

EXECUÇÃO
- Metodologia para realizar o "como fazer"

36
Controle sua mente e mantenha o foco

Trabalhar focado é uma competência primordial

Não é novidade para ninguém que a forma desenfreada como recebemos *inputs* o tempo todo e de todos os lados nos deixam malucos. Conseguir ser eficiente e produtivo é um dos maiores desafios da liderança moderna. Quase todos os líderes gostam de fazer parte da solução e de serem solicitados quando alguma situação exige, porém, toda e qualquer atividade que você decida fazer exigirá algum grau de energia, foco e atenção.

A maioria das pessoas recorre aos cenários multitarefas – ou seja, fazer várias coisas ao mesmo tempo, dividindo seu nível de energia e o seu foco. A prática da atenção plena é um ótimo combatente para ajudar os **multitarefas**, pois são opostos validados neurologicamente e, portanto, retratam como é basicamente impossível realizar multitarefas e concluir todas, pelo menos em níveis de excelência.

"Multitarefa produtiva é um mito."

Várias citações neurológicas mostram estudos baseados em dados, demonstrando que quanto maior o número de atividades e objetivos que você tentar realizar ao mesmo tempo, mais prejudicado será o seu desempenho geral, levando a possibilidades de atingir e mostrar resultados medianos, colocando-o em um grupo de líderes chamados não carinhosamente de medíocres.

O profissional multitarefa, cada vez que muda sua atenção de uma atividade para outra, carregará em seu subconsciente um resíduo de atenção da tarefa anterior. Portanto, o profissional que faz várias atividades ao mesmo tempo, e muda de uma tarefa para outra, acaba acumulando muitos resíduos, seguramente tendo sua produtividade e qualidade na execução completamente comprometida.

Há algumas técnicas de gestão do foco que podem contribuir para que você faça a leitura prévia de cenários multitarefas, evitando essa dor antes que você entre no redemoinho e turbilhão de coisas a fazer.

Há quatro métodos que podem ser explorados para que você seja um líder de alto desempenho, com iniciativa, foco e "acabativa". Eles são conhecidos como **métodos de conclusão**.

Existem apenas quatro maneiras de fazer alguma coisa, seja uma atividade, um projeto, um estudo ou outra variável; são elas:

A **Conclusão** – significa efetivamente realizar a tarefa. Seguramente, é o método que vem à mente da maioria das pessoas quando pensam em realizar uma atividade, e, aqui, realmente se aplica o ciclo do começo, meio e fim. Ou seja, tudo que for iniciado deve ser concluído. A conclusão é a melhor forma de realizar as tarefas que podemos classificar como indelegáveis, e que você entende que somente você pode realizá-las particularmente bem.

Se classificarmos essas atividades dentro da matriz do tempo, elas estarão no quadrante Q2 – importantes/não urgentes.

A **Exclusão** – eliminar definitivamente a tarefa da sua lista – é eficaz para qualquer atividade não importante ou desnecessária. Pode parecer bobagem, mas muitas pessoas, inclusive líderes corporativos, confundem senso de apropriação com a insegurança de simplesmente dizer não para tarefas desnecessárias. Ou ainda, de excluir tarefas não importantes, que de alguma forma tenham vencido as barreiras da produtividade e tenham entrado na lista de afazeres.

Se não vale a pena fazer, ou não vale a pena fazer bem e rapidamente, livre-se dela.

Se classificarmos essas atividades dentro da matriz do tempo, elas estarão no quadrante Q4 – não importantes/não urgentes.

A **Delegação** – ação de incumbir outra pessoa da tarefa – é um método muito eficaz para tarefas que outras pessoas possam fazer 80% tão bem quanto você. Caso essa seja a abordagem selecionada para uma tarefa, tenha certeza de que a pessoa incumbida de fazer a atividade tenha entendido claramente as três premissas básicas da tarefa: o que fazer, como fazer, e se ela tem os recursos mínimos para fazer. Se essas três premissas não forem importantes, é muito provável que a tarefa também não seja importante e não precise ser delegada, podendo ser excluída da lista de afazeres.

Se classificarmos essas atividades dentro da matriz do tempo, elas estarão no quadrante Q1 – importantes/urgentes.

A **Postergação** – eficaz para tarefas que não sejam críticas e que não tenham prazos definidos. Não há nada errado em protelar algumas atividades. A melhor maneira de sobrecarregar sua agenda e comprometer a qualidade de suas atividades é tentar fazer tudo ao mesmo tempo e desejar a mesma qualidade em tudo. Um artista que tenta equilibrar mais pratos do que sua capacidade permite uma hora deixará um prato importante cair.

O *insight* aqui é não confundir adiamento com procrastinação. Se há algo não importante agora e não urgente, mas que precisa ser feito, o mesmo pode ser adiado com uma referência na linha do tempo em vista. Simplesmente procrastinar algo que deve ser feito fará com que essa atividade chame sua atenção novamente em algum momento de forma mais abrangente e crítica.

Se classificarmos essas atividades dentro da matriz do tempo, elas estarão no quadrante Q3 – não importantes/urgentes.

Recomendo que visite essas metodologias sempre que estiver em busca de algo novo, ou quando estiver no meio do redemoinho das multitarefas.

Há uma ótima metodologia de gestão do foco, muito bem estruturada, e que pode ser usada simultaneamente com a leitura das quatro metodologias da conclusão. Essa metodologia de gestão é conhecida como "*as quatro disciplinas da execução (4Dx)*".

As quatro disciplinas são:

1. Defina suas metas crucialmente importantes. De acordo com a lei dos retornos decrescentes, não mais do que 2~3.

2. Atue sobre as medidas de direção, que serão as alavancas para mover suas metas.

3. Mantenha uma gestão visual ou um placar que seja fácil de visualizar, para saber se você está chegando perto de sua meta. E, por fim,

4. Mantenha uma cadência de responsabilidades, com atividades bem conectadas às suas medidas de direção.

Um *insight* muito interessante é a associação dos quatro métodos de conclusão e da metodologia do 4Dx, que acabamos de ver, com uma outra metodologia, que é a metodologia das "*cinco escolhas para uma produtividade extraordinária*":

1. Atue sobre o importante – não reagir ao urgente;

2. Busque o extraordinário – não se conformar com o comum;

3. Programar as pedras grandes – não se perder em meio ao cascalho;

4. Usar a tecnologia a seu favor – não ser controlado por ela;

5. Alimentar sua chama interior – não desperdiçar sua energia desgastando-se.

> "Quando as pessoas fazem os planejamentos apropriados, seus índices de sucesso sobem, em média, de 200 a 300 por cento." (Dra. Heidi Grant Halvorson)

Use todos esses *insights* de liderança em sua gestão de foco ao definir sua lista de prioridades e tenho certeza que conquistará muitos resultados em nível de excelência, tendo o controle da sua mente no "aqui e agora"!

Seja conclusivo e produtivo!

Foco, foco, foco!

37
Atenção plena e prioridades

Dedique formalmente um tempo para o foco

Gerenciar com atenção plena é extremamente necessário porque o gestor atual tem uma grande quantidade de tarefas para executar.

Há alguns pontos-chave na eficácia, e um deles seguramente é a atenção plena.

Gestores eficazes fazem primeiro o mais importante, e uma coisa de cada vez. Sempre haverá um número maior de contribuições importantes para serem feitas do que tempo disponível para efetivamente realizá-las.

Uma das considerações para uma produtividade extraordinária e focada é "programar as pedras grandes" para não se perder em meio ao cascalho.

Resumidamente, esse é o segredo das pessoas que aparentemente fazem muitas coisas complexas ao mesmo tempo e com qualidade. Elas fazem uma coisa de cada vez, com iniciativa e *acabativa*. Assim, essas pessoas precisam de muito menos tempo do que a maioria das outras pessoas.

Isso faz com que muitos profissionais com sérias dificuldades em realizar suas tarefas acabem sendo justamente os que mais trabalham.

> Os gestores eficazes não têm pressa, seguem um ritmo normal, porém constante. Eles sabem que precisam fazer com que várias coisas aconteçam. Assim, tendo essa clareza em mente, eles direcionam sua concentração em fazer primeiro o mais importante, com atenção plena na conclusão.

A atenção plena nada mais é do que a coragem de impor ao tempo e aos eventos sua própria decisão em relação ao que realmente importa e tem prioridade.

A combinação da atenção plena com a capacidade de priorização é a forma mais eficaz do gestor se tornar senhor do seu tempo e de seus eventos, escolhendo ser protagonista de sua vida ao invés de ser vítima, reagindo a tudo que aparece como urgente em sua agenda.

O trabalho focado pode ser resumidamente definido como a realização de um conjunto prioritário de atividades profissionais em um estado de concentração profundo, livre de distrações e que eleve suas capacidades cognitivas ao limite.

Sustentar as próprias decisões é algo que exige coragem, pois aquilo que você adia costuma ser a principal prioridade para outras pessoas. Se você permitir que as demandas externas e as pressões diárias tomem essas decisões por você, é provável que você assuma uma posição de vítima, terceirizando as responsabilidades, culpando a falta de tempo, e, principalmente, perdendo sua concentração, deixando de investir sua atenção plena nas oportunidades mais importantes do trabalho, que precisam ser gerenciadas primeiro.

Defina as prioridades e direcione sua atenção para concluir uma coisa de cada vez. No fim do dia, você verá que muito mais ações foram concluídas, e com mais qualidade.

Líderes talentosos com habilidades para realizar trabalhos focados geralmente trabalham com técnicas de segregação do tempo para o que é conhecido corporativamente como "*deep work*".

No livro *Deep Work*, de Cal Newport, há uma abordagem de quatro modelos de *deep work* que podem ser praticados de acordo com o seu estilo profissional, sendo:

1. Perfil monástico;
2. Perfil bimodal;
3. Perfil rítmico;
4. Perfil jornalístico.

Bill Gates, grande líder e ícone do mundo empresarial, tem como hábito a prática do que ele chama de *think week*. Ele viaja para uma cabana bem isolada, sem computador ou telefone, levando com ele somente uma sacola de livros. Durante essa semana seu foco estará 100% direcionado aos assuntos dos livros de seu interesse, para que ele possa sair desse estado profundo de foco com os *insigths* necessários, que irão ditar o rumo de suas ações prioritárias.

Dentro do ambiente corporativo, percebemos alguns profissionais tentando praticar o modelo bimodal, que nada mais é do que "racionalmente" segregar de um a três dias da semana para realizar trabalhos focados. Durante esse período, o bimodal atua como o monástico, dizendo "não" para as distrações, mantendo a atenção plena no "aqui e agora". Sem celular, sem computador. Podemos dizer que esse é o momento de atenção onde temos que colocar nossa mente em "modo avião". Fora desses dias segregados para o foco, o bimodal fica aberto ao mundo, fazendo suas atividades mais superficiais, porém, disponível para interrupções.

A maioria das pessoas tem um perfil rítmico, onde o profissional cria sua própria regra de foco e atenção plena ao longo do dia. Por exemplo, travar sua agenda todos os dias das 9h às 11h para realizar seus trabalhos de *deep work*. Nesse período, você estará em modo avião, não irá atender chamadas, não irá olhar o e-mail, não aceitará convites para uma pausa para tomar um cafezinho. Essa é uma abordagem que, particularmente, acredito combinar mais com a natureza do líder de alto desempenho, pois ele precisa ter seu tempo de atenção para realizar suas atividades com o máximo de produtividade e qualidade, porém, ele também precisa ter disponibilidade para as pessoas. Afinal, qualquer resultado está diretamente conectado a relacionamentos.

O perfil jornalístico é muito interessante, pois é aquele perfil que consegue mudar repentinamente de um momento de descontração para o estado de atenção plena.

Imagine um profissional no meio de uma conversa informal com amigos de trabalho no momento do cafezinho, de repente, aparece um *insight* e esse profissional vira a chave, se isola e inicia seu ciclo de *deep work* para concluir a atividade.

Se você conseguir realizar um trabalho combinando os elementos "tempo de foco" com "intensidade do foco", o resultado final dessa atividade será moldado em bases de excelência.

Entenda o perfil que mais combina com você e crie esse hábito através da prática.

Um *insight* importante é entender que os membros da sua equipe também precisam, de alguma forma, de um tempo para trabalhos com atenção plena. Entenda esse cenário e seja um facilitador desse processo, removendo os obstáculos para que seu time possa trabalhar focado. Essa será uma grande contribuição que você poderá dar para seu time.

38
Gerenciamento de alto desempenho

Pratique muito, a prática o levará à excelência

Há muitos cursos de gestão e liderança que vendem o pacote mágico para a formação de gerentes de alto desempenho com o discurso de que o profissional sairá preparado para todos os desafios de gestão do mercado de trabalho. Porém, para os líderes mais maduros, ou os mais clássicos, está claro que isso não é verdade. Apesar de a instrução e a teoria acadêmica serem extremamente importantes por ofertarem princípios simples para uma boa gestão, esta é uma habilidade que se aprende por meio de prática e experiência acumuladas ao longo da jornada.

O gerenciamento, em sua essência, é realmente simples, desde que seja tratado de forma organizada e focada. O gerenciamento consiste em coordenar um grupo de pessoas através de fluxos e processos estruturados visando atingir uma ou algumas metas específicas e bem declaradas. O ambiente ou núcleo gerenciado deve levar em consideração as mudanças e as incertezas de mercados globais em mutação constante.

Para um gerenciamento de alto desempenho em um ambiente em constante transformação, alguns princípios básicos, mas extremamente importantes, precisam estar presentes no mapa mental dos gestores. Seguem algumas dicas:

Estruture seu time adequadamente ao tamanho do seu negócio, mas sempre tendo em mente a necessidade da vantagem competitiva.

Foque em grupos menores e com capacidade para realizar rapidamente adaptações e entregar trabalhos nos prazos e com alta qualidade. Equipes pequenas e de elite sempre alcançam resultados extraordinários.

Invista mais tempo na contratação de talentos e, seguramente, gastará menos tempo procrastinando para demitir alguém com baixo desempenho ou com comportamento desalinhado aos valores da sua empresa. Devemos contratar competências, sem dúvidas, mas devemos valorizar e focar cada vez mais o caráter, a atitude, a flexibilidade e o poder de execução. Caso precise fortalecer esse conceito, leia novamente a resenha da metodologia CAFÉ, no capítulo 22.

A comunicação do resultado desejado por quem é responsável por cada segmentação do negócio e por manter o grupo sempre informado da evolução dos trabalhos é fator-chave para o sucesso. Saber o que fazer, como fazer e porque fazer é o primeiro alinhamento de rota que um líder de alto desempenho deve traçar com sua equipe.

Trate todos com respeito, independentemente da hierarquia.

Vamos propor mais uma resenha, utilize o modelo mental do *"quinteto vencedor"*:

1. Honestidade;
2. Respeito;
3. Cortesia;
4. Consideração individual; e
5. Integridade.

Todos os membros da equipe conhecem bem a intenção do líder, sabem de forma clara a importância do porquê cada meta precisa ser atendida e quais são suas contribuições individuais esperadas pela equipe.

Quanto mais os membros de seu time trabalharem juntos, em um ambiente de apoio mútuo, mais intensa será a transformação de um grupo ou equipe, formando um time ou um clã com um grande nível de coesão e com resultados embasados em confiança.

Crie um ambiente de produtividade e literalmente saia do caminho para não atrapalhar os resultados de seu time, pois eles já sabem o que e como fazer. Na medida do possível, garanta os melhores recursos para sua equipe e tente blindá-la de distrações que possam minar a atenção e a produtividade.

Faça as medições das métricas do negócio para assegurar que a rota está bem alinhada. Caso seja necessário ajustar a rota no meio do caminho, não há nenhum problema, faça e faça logo. A maior falácia da gestão eficaz é presumir que o plano inicial deve ser realizado 100% de acordo com as premissas iniciais.

Ainda não conheci nenhum bom gerente que tenha uma bola de cristal para ser 100% preditivo. A gestão eficaz considera planejar o aprendizado, o que requer constantes ajustes de rota ao longo da jornada.

Por fim, tenha em mente que gestão e liderança são competências afins, mas não são a mesma coisa.

> "Gerenciar é fazer certo as coisas, liderança é fazer as coisas certas." (Peter Drucker)

39
Faça menos e melhor

Essencialismo

Na jornada contínua do aprendizado e da aplicação das metodologias de liderança, seguramente você será assombrado pelo paradigma de que deve fazer muitas coisas para que seu trabalho seja valorizado, mantendo a visão de um modelo defasado, que caracterizava como um bom profissional aquele que tivesse mais carga de trabalho e que estivesse mais ocupado.

A demanda pela nossa atenção e pela nossa ação direta aparece de todos os lados, e a maioria tem um potencial incrível de roubar o nosso tempo e o nosso foco, gerando resultados de baixa expressividade.

Algumas vezes, o que você escolhe NÃO fazer tem mais valor do que aquilo que você escolhe fazer. Isso faz sentido para você? Se sim, parabéns! Você já está envolvido pelo espírito do líder de alto desempenho.

Esse essencialismo distingue o que é o **pouco trabalho vital**, do que é o **muito trabalho trivial**.

Mantenha o seu foco em uma ou duas metas, direcionando a sua atenção e os seus esforços para conquistar e celebrar resultados de excelência. Respeite a lei do retorno decrescente. Fazer menos, porém, com excelência. Ou, se preferir levar para uma base conceitual de priorização, já validada por metodologias científicas, lembre-se do conceito de Vilfredo Pareto, segundo o qual 20% dos nossos esforços produzem 80% dos resultados.

Como um líder de alto desempenho, você não pode permitir que o seu potencial seja compartilhado por várias frentes de atuação sem a sua permissão. Se você está acobertado de trabalhos e não consegue dar vazão com qualidade, e não consegue atender os prazos, pasme, o culpado é VOCÊ!

> Se você não priorizar a sua vida, alguém menos habilitado fará isso por você.

Podemos sintetizar essa resenha essencialmente em duas palavras: **foco** e **execução**.

Nessas duas palavras encontramos a *"simplicidade que está além da complexidade"*.

O **essencialismo** e o **foco** lidam com o que é mais importante, enquanto a **execução** lida com o *como fazer as coisas acontecerem com excelência*.

> "A liderança sem a disciplina da execução é incompleta e ineficaz. Sem a capacidade de execução, todos os outros atributos ficam vazios." (Ram Charan)

Valorize a qualidade da entrega de resultados ao invés de valorizar a quantidade de trabalho executado.

40
Foque na solução e não no problema

Qual é a situação desejada?

Ainda há muitos conflitos gerados na cadeia de negociação entre clientes e fornecedores, pois as pessoas envolvidas no processo insistem em focar no problema e não canalizam as energias e o foco para encontrar soluções através da exploração de alternativas.

Um dos hábitos das pessoas altamente eficazes é buscar "entender antes de serem entendidas", praticando o difícil exercício de se colocar no lugar do outro para entender dificuldades e potenciais ganhos no processo como um todo.

Infelizmente, muitos profissionais, ainda atrasados no contexto de gestão e liderança de alto desempenho, insistem na alternativa de resolução de conflitos através do poder e do peso do nome de suas grandes empresas.

Há algumas alternativas mapeadas, inclusive com técnicas e regulamentações para sua prática, tais como: evitar o conflito, negociação, mediação, arbitragem, litígio, e o famoso poder, que é usar e abusar da famosa "carteirada".

Não há dúvidas de que a melhor forma de criar sinergia é, e sempre será, uma boa negociação, visando direcionar o foco para a solução e não para o problema.

O foco na solução, além de ser a opção mais recomendada e a mais produtiva entre as alternativas de resolução de conflitos, também é a mais poderosa no sentido de mudar a relação de **cliente-fornecedor** para uma relação de **parceria**, visando prosperidade e sustentabilidade.

Há algumas técnicas para direcionar as energias para a solução e tentar minimizar o peso do problema. Uma técnica muito simples e muito utilizada no piso de fábrica pelos próprios operadores é a aplicação das *cinco perguntas da melhoria contínua*:

1. Qual é a situação atual (problema)?
2. Qual é a situação desejada (solução)?
3. O que nos impede de chegar à solução desejada (barreira)?
4. Quais são as ações que eu posso tomar para chegar mais próximo da situação desejada (alternativas – foco na solução)?
5. Quando eu posso medir o resultado?

A aplicação dessa simples técnica ajuda muitos profissionais a investir tempo em soluções inteligentes ao invés de gastar tempo com o foco no problema.

O seu problema é do tamanho que você quer que ele seja, portanto, se gastar seu tempo dentro desse redemoinho, seu problema só aumentará.

Segundo Stephen Covey, referência em liderança corporativa, a cada ano que passa as pessoas sentem mais dificuldades para administrar seus problemas.

Com um ritmo de vida frenético e exaustivo, ninguém consegue encontrar o equilíbrio necessário para solucionar as questões mais corriqueiras, seja no campo afetivo, familiar ou profissional. Para vencer todos esses desafios é necessário assimilar sete hábitos responsáveis pela eficácia pessoal, que permitem distinguir as pessoas felizes, saudáveis e bem-sucedidas das fracassadas, ou daquelas que sacrificam o equilíbrio interior e a felicidade para alcançar o êxito.

Esses hábitos, segundo Stephen Covey, são:

1. Seja proativo;

2. Comece com um objetivo em mente;

3. Primeiro o mais importante;

4. Pense ganha-ganha;

5. Entender para depois ser entendido;

6. Crie sinergia;

7. Afine o instrumento.[1]

Desenvolva sua técnica, valorize as parcerias, entenda as dificuldades de sua rede de relacionamentos, foque na solução e seja um profissional de alto desempenho visando sempre a excelência.

> "Não se pode encontrar a solução de um problema usando a mesma consciência que criou o problema. É preciso elevar sua consciência."
> (Albert Einstein)

---

1 COVEY, Stephen R. *Os Sete Hábitos das Pessoas Altamente Eficazes.* Rio de Janeiro: Best Seller, 2000.

Bibliografia

ANDERSON, Chris. *TED Talks: O guia oficial do TED para falar em público*. Rio de Janeiro: Intrínseca, 2016.

BOSSIDY, Larry; CHARAN, Ram. *Execução*. Rio de Janeiro: Elsevier Brasil, 2005.

BUCKINGHAM, Marcus; CLIFTON, Donald O. *Descubra seus pontos fortes*. Rio de Janeiro: Sextante, 2008.

CHAN, Kim W. *A estratégia do Oceano Azul: Como criar novos mercados e tornar a concorrência irrelevante*. Rio de Janeiro: Campus, 2015.

CHARAN, Ram; DROTTER, Stephen; NOEL, Jim. *Pipeline de liderança: O desenvolvimento de líderes como diferencial competitivo*. São Paulo: Elsevier Brasil, 2017.

COLLINS, Jim. *Empresas feitas para vencer: Porque algumas empresas alcançam a excelência... e outras não*. Rio de Janeiro: Alta Books, 2018.

COVEY, Stephen R. *O 8º hábito: Da eficácia à grandeza*. São Paulo: Elsevier Brasil, 2005.

_____. *Os sete hábitos das pessoas altamente eficazes*. Rio de Janeiro: Best Seller, 2000.

DRUCKER, Peter Ferdinand. *O gestor eficaz*. Rio de Janeiro: Grupo Gen-LTC, 2011.

DWECK, Carol. *Mindset – Updated edition: Changing the way you think to fulfil your potential*. Londres: Hachette UK, 2017.

GOLEMAN, Daniel. *Emotional Intelligence*. Nova Iorque: Bantam Books, 2005.

GROVE, Andrew S. *High output management*. Nova Iorque: Vintage Books, 2015.

HOLIDAY, Ryan. *Ego is the Enemy*. Nova Iorque: Penguin, 2016.

KAUFMAN, Josh. *Manual do CEO: Um verdadeiro MBA para o gestor do século XXI*. São Paulo: Saraiva, 2017.

MAGALDI, Sandro; SALIBI NETO, José. *Gestão do amanhã: Tudo o que você precisa saber sobre gestão, inovação e liderança para vencer na 4ª Revolução Industrial*. São Paulo: Gente, 2018.

MORAES, Bill; MCCHESNEY, Chris; HULING, Jim. *As 4 disciplinas da execução: Garanta o foco nas metas crucialmente importantes*. Rio de Janeiro: Alta Books, 2018.

MURPHY, Joseph. *O poder do subconsciente*. Rio de Janeiro: Record, 2017.

ROBBINS, Stephen P. *Lidere e inspire: A verdade sobre a gestão de pessoas*. São Paulo: Saraiva, 2015

SINEK, Simon. *Start with why: How great leaders inspire everyone to take action*. Londres: Penguin, 2009.

Sobre o autor

Fabio Martins Romero é casado com Juliana e pai de três meninos, Gabriel, Lucas e Miguel.

O autor trabalha como diretor industrial na multinacional canadense Woodbridge.

Fabio é graduado e pós-graduado em Controle e Automação, com especialização em Gestão Executiva pela FAAP-SP e Gestão Organizacional e Liderança pela FranklinCovey Brasil, com extensão e especialização em Advanced Topics in Bussiness & Marketing pela Universidade de La Verne – Califórnia.

O autor também escreve artigos sobre Liderança para o Jornal JCR, situado no interior de SP, na cidade de Capivari.

Esta obra foi composta em CTcP
Capa: Supremo 250g – Miolo: Pólen Soft 80g
Impressão e acabamento
Gráfica e Editora Santuário